MARCO POOLO

Barcelona

Reisen mit **Insider Tipps**

Diesen Reiseführer schrieb Dorothea Maßmann. Sie bereist seit 1992 als freie Journalistin und Rundfunkautorin Spanien.

www.marcopolo.de
Infos zu den beliebtesten Reisezielen im Internet, siehe auch Seite 99

SYMBOLE

MARCO POLO INSIDER-TIPPS:
Von unserer Autorin für Sie entdeckt

MARCO POLO HIGHLIGHTS:
Alles, was Sie in Barcelona kennen sollten

 **HIER HABEN SIE EINE SCHÖNE AUSSICHT**

 WO SIE JUNGE LEUTE TREFFEN

PREISKATEGORIEN

Hotels	
€€€	über 150 Euro
€€	90–150 Euro
€	bis 90 Euro

Restaurants	
€€€	über 40 Euro
€€	20–40 Euro
€	bis 20 Euro

Die Preise gelten für eine Übernachtung im Doppelzimmer mit Frühstück (Hotels) bzw. ohne Frühstück (Pensionen)

Die Preise gelten für eine durchschnittliche Hauptmahlzeit mit Vorspeise, aber ohne Getränke.

KARTEN

[110 A1] Seitenzahlen und Koordinaten für den Cityatlas Barcelona

[0] außerhalb des Kartenausschnitts

Übersichtskarte Barcelona mit Umland auf Seite 126/127

Zu Ihrer Orientierung sind auch die Objekte mit Koordinaten versehen, die nicht im Cityatlas eingetragen sind.

Übersichtskarte der Metrolinien und der FGC im hinteren Umschlag

GUT ZU WISSEN

Katalanisch **9** · Entspannen & Genießen **25**
Richtig fit! **31** · Lektüretipps **35** · Der F. C. Barcelona **42**
Katalanische Spezialitäten **54** · Flamenco **82**

INHALT

DIE BESTEN MARCO POLO INSIDER-TIPPS — vorderer Umschlag

DIE WICHTIGSTEN MARCO POLO HIGHLIGHTS — 4

AUFTAKT — 7
Entdecken Sie Barcelona!

STICHWORTE — 13
Kultur gestern und heute

FESTE, EVENTS UND MEHR — 16

SEHENSWERTES — 19
Mittelalterlich, modernistisch und visionär

MUSEEN — 39
Picasso, Parfüms, romanische Fresken

ESSEN & TRINKEN — 47
Gaumenfreuden und Geselligkeit

EINKAUFEN — 59
Vom Ladenhüter bis zum letzten Schrei

ÜBERNACHTEN — 67
Schön und erholsam schlafen

AM ABEND — 77
Sternstunden für Nachtschwärmer

STADTSPAZIERGÄNGE — 85
Zu Fuß durch Mittelalter und Moderne

AUSFLÜGE & TOUREN — 91
Cava, Klöster und Dalí

ANGESAGT! — 96

PRAKTISCHE HINWEISE — 97
Von Anreise bis Zoll

SPRACHFÜHRER — 103

CITYATLAS BARCELONA MIT STRASSENREGISTER — 107

KARTENLEGENDE CITYATLAS — 109
MARCO POLO PROGRAMM — 133
REGISTER — 134
IMPRESSUM — 135

BLOSS NICHT! — 136

3

Die wichtigsten
MARCO POLO Highlights

Sehenswürdigkeiten, Orte und Erlebnisse, die Sie nicht verpassen sollten

★ **Casa Milà/La Pedrera**
Steingewordener Traum Gaudís – das verrückteste Mietshaus der Stadt (Seite 22)

★ **Palau de la Música Catalana**
Pure Pracht und Herrlichkeit – katalanischer Jugendstil in Reinkultur (Seite 23)

★ **Catedral**
Die Akropolis Barcelonas – gotische Baukunst in voller Blüte (Seite 25)

★ **Sagrada Família**
Gaudís große Unvollendete ist Barcelonas berühmteste Baustelle (Seite 27)

★ **Parc Güell**
Drachen, Schmetterlinge, Schlangen – Gaudís hängender Märchengarten über der Stadt (Seite 31)

★ **Barri Gòtic**
Historisches Herzstück und Schatzkiste für Kunstliebhaber – das Gotische Viertel (Seite 34)

★ **Rambla**
Freilichtbühne für Flaneure, Touristen und Taschendiebe – der bröckelnde Charme der prominentesten Promenade Barcelonas (Seite 37)

Sagrada Família

Teatre-Museu Dalí

Parc Güell

 Fundació Joan Miró
Frau, Vogel, Stern – die gesammelten Werke des katalanischen Avantgardisten (Seite 40)

 Museu d'Art de Catalunya
Katalanisches Megamuseum – einheimische Kunst von romanischen Meisterwerken bis heute (Seite 42)

 Museu Picasso
Moderne Kunst in mittelalterlichen Mauern – im beliebtesten Museum der Metropole (Seite 45)

 Gaig
Gastronomischer Glücksgriff für Gourmets – die Köstlichkeiten Kataloniens kompetent serviert (Seite 50)

 Pinotxo
Große Kochkunst auf kleinem Raum – Marktgenuss für Feinschmecker (Seite 56)

 Mercat de Sant Josep/ La Boqueria
Schauen, riechen, probieren – im »Bauch Barcelonas«, der schönsten Markthalle der Stadt (Seite 64)

 La Paloma
Swingen zwischen Plüsch und Putten – Barcelonas beliebtestes Ballhaus (Seite 77)

 Teatre-Museu Dalí
Unter Betoneiern: gigantisches surrealistisches Gesamtkunstwerk in Figueres (Seite 91)

 Die Highlights sind in der Karte auf dem hinteren Umschlag eingetragen

AUFTAKT

Entdecken Sie Barcelona!

**Die Hauptstadt Kataloniens, Schnittpunkt Mittel- und Südeuropas –
eine Stadt zwischen Tradition und Hypermoderne**

Wer mit dem Flugzeug anreist, kann Barcelona bereits im Landeanflug kennen lernen. Vorne liegt das Mittelmeer, an den Seiten begrenzen sanfte Bergketten die Metropole. Markante Hochhäuser und ultramoderne Turmbauten heben sich ab aus dem Gassengewirr des gotischen Stadtkerns. Gleich daneben liegt das schachbrettartige Straßenraster des Jugendstilviertels.

Unverkennbar: Barcelona (1,5 Mio. Einwohner) ist ein Ort höchst reizvoller Kontraste. Die bedeutende Designmetropole hat die nach Neapel größte Altstadt Europas, in der Sie sich stundenlang verlieren können. Die meisten Wohnungen sind indes eher übersichtlich bis winzig – und wahnwitzig teuer: Der Boden zwischen Bergen und Meer wird immer knapper, während sich die Stadt zur mediterranen Trendmetropole mausert – nach dem Motto »immer neuer, immer größer, immer schöner«. Gleichzeitig fühlen sich selbst zeitgeistbewusste Trendsetter der katalanischen Tradition und Geschichte

Auf der Rambla, der Flaniermeile Barcelonas, zeigt die Stadt ihre verschiedenen Gesichter

Galanterie in Pink beim Straßenfest

tief verbunden. Überhaupt verstehen es die Katalanen wie kaum ein anderes Volk, Widersprüche zu integrieren. Nehmen Sie die katalanische Bourgeoisie, die in Barcelona eines der prächtigsten Jugendstilviertel der Welt erbaut hat. Verschwenderisch verzierte Gebäude, sinnliche Gesamtkunstwerke – aber hinter den Fassaden herrschte stets ein eher nüchterner Kaufmannsgeist. Das soll nicht heißen, dass die Katalanen nicht kreativ sind. Ganz im Gegenteil, an innovativer Energie hat es der Mittelmeermetropole nie gefehlt. Die Stadt ist ständig in Bewegung, erfindet sich unablässig neu. Dabei braucht man immer irgendein Großereignis, um Wegweisendes oder längst Fälliges zu vollbringen. Das war schon so mit der Weltausstellung von 1888, die

Schwindelfreie können sich besondere Ausblicke verschaffen

die Stadt aus ihrem Dornröschenschlaf rüttelte und den Aufbruch einläutete in eine neue Zeit im Zeichen des aufblühenden Jugendstils. Für die Show richtete man das Terrain um den Ciutadella-Park her. 1929 wurde die Stadt im Zuge der zweiten Weltausstellung wieder total umgekrempelt – diesmal wurde der Montjuïch erschlossen.

Die Rundumerneuerung anlässlich der Olympischen Spiele von 1992 machte Barcelona schließlich nicht nur zum Mekka für Touristen aus aller Welt, sondern auch zum Eldorada für Architekten und Stadtplaner, die Barcelona als gelungenes Beispiel urbaner Erneuerung feierten. Die Olympiade entfachte die Euphorie, die in der katalanischen Hauptstadt nötig ist, um die Ärmel hochzukrempeln. In diesem Fall: um die deprimierenden Hinterlassenschaften von 40 Jahren Diktatur zu beseitigen.

Barcelona setzte an zum Sprung in die (Post-)Moderne und machte sich schön. Vor allem öffnete sich die Stadt zum Meer. Wo bis dahin abgewrackte Industrieschuppen die Sicht versperrten, erwartet Sie heute ein kilometerlanger Sandstrand. Auch die vielen kleinen Parks und Plätze, Bänke oder Skulpturen sind ein Erbe des olympischen Erneuerungsrausches.

》 *Überall sind kleine Plätze und Parks* 《

Um in Form zu bleiben, erfand man bald das nächste Mega-Event: das Forum der Weltkulturen 2004, ein mehrmonatiges Kulturfestival an der Flussmündung des Besós, in einem bis dato vernachlässigten, sozial konfliktreichen Außenbezirk im Norden direkt am Mittelmeerstrand. Seine urbane Erschließung stand sowieso an: das Glied, das in der Sanierungskette fehlte. Nach dem Olympischen Dorf und dem nördlich gelegenen Viertel *Poble Nou,* einer gigantischen Industrie-

AUFTAKT

ruine, die gerade zum *Bezirk 22@* umgemodelt wird, zum exklusiven Hightechviertel Barcelonas, baute man um die Mündung des Besós und die verlängerte Hauptverkehrsader Diagonal herum eines der teuersten Quartiere der Stadt, die *Diagonal Mar.* Zwar hat das Megafestival im Ausland niemand so recht wahrgenommen, und die Zuschauer strömten auch nicht wie erwartet. Aber am Mittelmeerstrand prangt seither ein mit diversen Architekturpreisen ausgezeichnetes, knallblaues Riesendreieck, entworfen von den Schweizer Stargestaltern Herzog & de Meuron: das Forumsgebäude, eines der größten Kongress- und Ausstellungszentren Europas.

Wenn es um das Image Barcelonas geht, lässt man sich eben nicht lumpen. Der in allen Farbtönen changierende Riesenphallus etwa, der Wolkenkratzer *Torre Agbar,* der schon beim Anflug auf die Stadt ins Auge fällt, ist ein Entwurf des Kultarchitekten Jean Nouvel für die Wasserwerke Barcelonas – als jüngstes Wahrzeichen des unbeirrbaren Repräsentationswillens der Metropole.

Überhaupt schlägt das neu entstandene Viertel Diagonal Mar eine schicke Schneise mitten in die bislang slumartigen Vorstadtsiedlungen wie La Mina, in denen Armut, Arbeitslosigkeit, Kriminalität und Drogen an der Tagesordnung sind. Diese trostlosen Satellitenstädte waren den Stadtplanern schon lange ein Dorn im Auge: unter Franco aus dem Boden gestampft für die Arbeitsemigranten, die aus dem Rest Spaniens in Massen nach Barcelona strömten. Die Bewohner stammen überwiegend aus Südspanien, viele sind *gitanos* (Zigeuner), eine Bevölkerungsgruppe, die bis heute wenig vom stadtplanerischen Segen abbekommen hat. Klagen kommen auch von Umweltexperten: Sie kritisieren, dass die Stadterneuerer sich oft stärker an Ästhetik orientieren als

> *Katalanisch war unter Franco verboten*

Katalanisch

Der lange Weg zur Zweisprachigkeit

In Katalonien herrscht offiziell Zweisprachigkeit: Alle Hinweise, Formulare, Schilder etc. sollen theoretisch in Spanisch und Katalanisch beschriftet sein. Praktisch geben die Katalanen aber der eigenen Sprache den Vorzug vor dem Spanischen, was zu einiger Verwirrung führen kann. Wenn Sie auf eine Frage oder einen Gruß in Spanisch reagieren, wechseln Katalanisch Sprechende allerdings üblicherweise automatisch ins Spanische über. Katalanisch wird von ungefähr 6 Mio. Menschen gesprochen: entlang der Mittelmeerküste zwischen Perpignan und Alicante, auf den Balearen, in Andorra – und in der sardinischen Stadt Alghero.

an bioklimatischen Kriterien – trotz gegenteiliger Behauptungen der Politiker.

Apropos klagen: Das gehört gewissermaßen zur Lebensart der Katalanen. Besonders gern beschweren sie sich über die Zentralmacht in Madrid. Aus gutem Grund. Katalonien, einst eine mittelalterliche Weltmacht, musste sich seit dem 16. Jh. immer wieder gängeln lassen von der zentralspanischen Vormacht. Der Niedergang begann, als sich die Kronen Kastiliens und Aragons vereinigten durch die Heirat der »katholischen Könige« Ferdinand und Isabella. Damit war die katalanisch-aragonesische Allianz jäh beendet, Katalonien musste sich der zentralen Macht beugen. Zuletzt unter der Diktatur General Francos: Der *generalísimo* wollte mit der rebellischen Bastion im Norden aufräumen – und jedes nur erdenkliche Zeichen ihrer Identität zunichte machen, angefangen mit der Sprache, die verboten wurde.

Zwar endete die Franco-Diktatur 1975, ihre Folgen beschäftigen die Katalanen indes noch immer. Protektion und Förderung sollen die katalanische Sprache in der *Comunidad Autónoma* Katolonien (etwa vergleichbar einem Bundesland) wieder auf Platz eins bringen. Zwar können inzwischen rund 75 Prozent der Bevölkerung Katalanisch, aber gut die Hälfte der Einheimischen zieht im Alltag die spanische Sprache vor. Dennoch wurde die perfekte Beherrschung von *català* zur wichtigsten Einstellungsvoraussetzung erhoben. Geschäfte, die ihre Artikel nicht in Katalanisch auszeichnen, müssen mit Bußgeldern

rechnen – mitunter drängt sich dem Beobachter der Eindruck auf, dass hier katalanischer Widerstandsgeist in Trotz umschlägt. Wie dem auch sei: Sprechen Sie Katalanen besser nicht als Spanier an – Sie würden an noch längst nicht verheilte Wunden rühren.

In Barcelona versteht man sich nach wie vor als Opfer zentralistischer Ungerechtigkeit. Nicht ohne Grund. Aber solange die Katalanen weiter um ihre Identität und Anerkennung als »Nation« ringen, passt die ewige Opferrolle ins politische Konzept, und mit der Zeit hat man sich sowieso an sie gewöhnt. Dazu kommt, dass Kastilien zwar stets politisch mächtiger war, Katalonien dagegen wirtschaftlich potenter. Barcelonas Besitz- und Bildungsbürgertum setzte deshalb auf Kunst und Architektur. Das erklärt vielleicht auch die besonders verschwenderische Dekorlust des *modernisme,* des katalanischen Jugendstils: Alles sollte noch prächtiger sein, noch größer und schöner als im ungeliebten Madrid. Daran hat sich bis heute wenig geändert. Nur gestaltet man statt modernistischen Drachenköpfen inzwischen hypermodernes Design.

Dabei prallen Alt und Neu oft krass aufeinander. Im totalsanierten Altstadtviertel Raval etwa: im unteren Teil, dem legendären *Barri Xino,* dem Hafen- und Rotlichtviertel Barcelonas, findet man noch sichtbare Spuren jener halbseidenen Welt der Huren, Gauner und Ganoven, die Jean Genet zu seinem »Tagebuch eines Diebes« inspirierte. Ein paar Schritte weiter haben die hippe Kultur- und Kneipenmeile

Dekorlust des Jugendstils

AUFTAKT

Die Plaça de Catalunya liegt im geografischen Zentrum Barcelonas

rund um das Museum für Zeitgenössische Kunst und der neue Prachtboulevard *Rambla del Raval* das Bild völlig verändert. Nicht nur zum Guten: Mit der überfälligen Modernisierung hielten auch Immobilienhaie, Spekulanten und Schickeria Einzug ins angestammte Wohnquartier. Der Abrissbirne seien nicht nur die alten, unhygienischen Verhältnisse zum Opfer gefallen, sondern auch ein bedeutendes Kapitel kollektiver Geschichte, meinte der im Barri Xino aufgewachsene und zu Weltruhm gelangte Schriftsteller Manuel Vázquez Montalbán (1939–2003). Die schöne neue Stadt wirke mitunter wie »desinfiziert und pasteurisiert«, lautete einer seiner Lieblingssätze.

Aber glücklicherweise stimmt das nur zum Teil. Denn die Mittelmeermetropole gibt sich zwar hochgradig gestylt und ihre Bewohner sind besonders sensibilisiert in Sachen Design – zu einer gleichförmig modernen Hochglanzcity wird Barcelona deshalb aber noch lange nicht. An vielen Ecken gibt es zum Glück noch Läden und Kneipen, die das Designfieber unbeschadet überstanden haben. Und es gibt immer noch junge Kreative mit genügend subversiver Phantasie, um das Markenzeichen *disseny barceloní* gegen den Strich zu bürsten.

»*Barcelona bewahrt seine Eigenheit*«

Erleben Sie also einen Ort spannender Kontraste, immer in Bewegung – und immer gut für eine Überraschung. Und grämen Sie sich nicht, wenn Sie am Ende nicht alles gesehen haben. Sagen Sie sich einfach: »Beim nächsten Mal!«. Denn wer aus dieser Stadt abreist, tut das meist mit dem festen Vorsatz wiederzukommen.

STICHWORTE

Kultur gestern und heute

Musikbegeistert und der Ästhetik verbunden – so zeigen sich die Barceloniner

Design

Barcelonas Ruf als internationale Designmetropole (mit Stargestaltern wie Mariscal oder Oscar Tusquets) scheint gefestigt, glücklich überstanden der Boom der 1980er- und frühen 1990er-Jahre, als es hieß: Design oder Nichtsein, ob in Kultur- oder Kleiderfragen, Restaurants oder Diskotheken. Design wurde schnell zum Symbol für Image und Identität der schönen neuen und endlich modernen Welt nach Franco. Inzwischen hat sich der ästhetische Erneuerungsrausch beruhigt. Die Folgen sind indes noch spürbar: etwa wenn es Sie auf einen der preisgekrönten, aber oft schrecklich unbequeme Barhocker verschlägt mit bezeichnenden Namen wie »Frenesí« (»Wahnsinn«). Das Schlimmste scheint nun jedoch vorüber. Es setzt sich die Einsicht durch, dass ein Gegenstand nicht nur schön sein sollte und möglichst ausgefallen, sondern auch brauchbar und bequem.

Gaudí, Antoni

Entweder er sei ein Genie oder ein Verrückter, räsonierte einer seiner

Drei Genies auf einem Plakat: Joan Miró, Pablo Picasso, Salvador Dalí

Lehrer über den jungen Architekturstudenten Gaudí. Wer die Bauten des 1852 in Reus bei Tarragona als Sohn eines Kupferschmiedes geborenen Baumeisters und Kunsthandwerkers besichtigt, kommt möglicherweise zu dem Schluss, dass beides zutrifft. Tatsächlich entfernte Gaudí sich schnell von den Pfaden der schulmäßigen Architektur seiner Zeit. Die organisch-wuchernden Formen seiner Gebäude, die phantastischen Farben, die plastische Kraft und die überbordende Phantasie seiner utopischen Entwürfe stießen viele Zeitgenossen vor den Kopf. Kaum verwunderlich, dass es ihm zeitlebens an offiziellen Aufträgen und Preisen mangelte. Dafür erkannten private Mäzene wie Eusebio Güell sein Genie und förderten Gaudís Werk – der Park und der Palau Güell und die Casa Milà gehören heute zum Welterbe der Uneso.

Auf die Frage nach seinen Vorbildern soll der junge Gaudí geantwortet haben: »Ein aufrechter Baum.« Tatsächlich war er schon seit seiner frühen Kindheit ein großer Beobachter und Bewunderer der Natur – wegen eines schweren Rheumaleidens hatte ihm der Arzt regelmäßige Spaziergänge verord-

13

Organische Wucherungen: Decke im Gaudí-Museum

net. Ein Einzelgänger von Kindesbeinen an, um den sich eine Reihe von Legenden spinnen. Nicht zuletzt aus Mangel an zuverlässigen Zeugnissen und Zitaten.

Das Leben Gaudís war voller Widersprüche. So stand er als junger Mann im Ruf eines lebensfrohen Dandys, der sich für revolutionäre Ideen oder atheistische Zirkel begeisterte. Trotzdem baute er seit seinem 31. Lebensjahr an der unvollendet gebliebenen Kirche Sagrada Familia. Im Alter widmete er sein ganzes Schaffen dem Kirchenbau, lebte zunehmend asketisch und gottesfürchtig, zuletzt sogar auf der Baustelle. 1926 wurde der »Dante der Architektur« auf dem Weg zum Gebet von einer Straßenbahn überfahren. Mit dem Satz »Mein Platz ist bei den Armen« soll sich der sterbende Gaudí geweigert haben, vom öffentlichen Hospital in eine Privatklinik gebracht zu werden. Möglicherweise hat Antoni Gaudí das wirklich so gesagt. Wahrscheinlich aber handelt es sich um eine der vielen Legenden, die den berühmten Baumeister bis heute umgeben.

Modernisme

Der *modernisme,* die Ende des 19. Jh. einsetzende katalanische Variante des europäischen Jugendstils, war nicht nur Ausdruck einer Rebellion gegen Geometrie und Geradlinigkeit der Industriegesellschaft. Vor allem bot er dem Lebensgefühl des aufstrebenden Bürgertums einen passenden ästhetischen Rahmen. Die betuchte, aber von Madrid politisch gegängelte katalanische Bourgeoisie fand in den aufwändigen, dekorativ-überbordenden Entwürfen ein wirksames Mittel zur öffentlichen Selbstinszenierung – und einen eigenen nationalen Stil, der das wieder erwachende Selbstbewusstsein der Katalanen spiegelte.

Die Bewegung erfasste nicht nur die Architektur, sondern alle gestalterischen Bereiche, ob Möbel, Keramik, Schmuck oder Schmiedeeisen. Hauptvertreter waren Josep Puig i Cadafalch, Lluís Domènec i Montaner und der weltberühmte Baumeister Antoni Gaudí. Am Prachtboulevard Passeig de Gràcia haben sich die drei Meister sogar einmal nebeneinander verewigt: im Häuserblock Mançana de la Discòrdia (Zankapfel). Tatsächlich ist kaum auszumachen, welches der phantastischen Baukunstwerke das schönste ist. Ein modernistisches

STICHWORTE

Muss ist auch Gaudís Märchenpark Güell oder sein weltberühmter Kirchenbau Sagrada Familia.

Einige Monumente des *modernisme* sind als Museen zu besichtigen, andere werden privat genutzt als Geschäfte, Hotels oder Lokale. Wer sich einen Überblick über die Jugendstilbauten verschaffen will, dem sei die vom Fremdenverkehrsamt entworfene *Ruta del Modernisme (www.rutadelmodernisme. com)* empfohlen, die Sie zu mehr als 100 bedeutenden Sehenswürdigkeiten des katalanischen Jugendstils entführt.

Rumba

Wenn Ihnen jemand von der *rumba catalana* vorschwärmt, will man Sie nicht etwa auf den Arm nehmen: Die Mittelmeermetropole ist tatsächlich eine Hochburg karibischer Rhythmen. Die katalanische Version der Rumba entstand in den 1950er-Jahren. Damals traten die Großen der kubanischen Musik am »Broadway Barcelonas« auf, der heute eher heruntergekommen Avinguda del Paral·lel. Dabei trafen Kubas Künstler auf die katalanischen *gitanos,* und es begann eine wunderbare musikalische Fusion aus Flamenco und Rumba. Als die Kubaner nach und nach wieder verschwanden, gehörte die *rumba catalana* längst zur Musikkultur der hier lebenden *gitanos*. Einen »fröhlichen Gedanken, den man tanzen kann«, nannten sie die multikulturelle Errungenschaft, die bis heute das musikalische Lebensgefühl prägt.

Seny und Rauxa

Nicht nur die Stadt ist von reizvollen Kontrasten geprägt – auch Charakter und Lebensgefühl ihrer Bewohner werden durch zwei völlig gegensätzliche Eigenschaften bestimmt. Einerseits neigen die Katalanen zu gesundem Menschenverstand, Gemein- und Geschäftssinn, zu Strebsamkeit und Disziplin (was ihnen die nicht unbedingt freundlich gemeinte Bezeichnung als »Preußen Spaniens« einbrachte). Andererseits kann all die Vernunft plötzlich umkippen in einen irrationalen Zustand rauschhafter Erregung: *seny* und *rauxa* heißen diese beiden Extreme. Sie brachten den wirtschaftlichen Wohlstand der Region hervor und Künstlergenies wie Salvador Dalí und Joan Miró, den politischen Pragmatismus ebenso wie große Anarchistenaufstände. So lebt in den Katalanen bis heute eine uralte Sehnsucht nach Europa, nach »dem Norden« – und gleichzeitig eine zutiefst mediterrane Mentalität. Barcelona wird deshalb auch gern als nördlichste Metropole des Südens und südlichste Stadt des Nordens bezeichnet.

Siesta

Im schönen neuen Barcelona ist nicht mal der Mittagsschlaf mehr das, was er einst war. Moderne Katalanen haben für die berühmte Siesta kaum noch Zeit. Also hat man sich etwas einfallen lassen zur Rettung der bewährten Tradition: Erschöpfte Aktentaschen- und Anzugträger, die es mittags nicht mehr bis zur heimischen Couch schaffen, können das gewohnte und bekanntermaßen gesundheitsfördernde Nickerchen nun auch – gegen Entgelt – in eigens dafür eingerichteten Siestasalons halten. Aus dem Kurzschlaf erwacht, sind die Barceloniner wieder fit für den globalen Wettbewerb.

Feste, Events und mehr

Traditionen, Trends und Pyrotechnik

In Barcelona feiert man gern, reichlich und ausgiebig. Mögen auch fast alle Volksfeste religiöse Ursprünge haben, was wirklich zählt ist das irdische Vergnügen. Krönung

Festa de la Mercè

ist meist ein fabelhaftes Feuerwerk – die Katalanen sind wahre Meister auf diesem Gebiet. Nicht umsonst sagt man ihnen eine gewisse Neigung nach zum Rauschhaften. Auch Festivals und spektakuläre Events kommen der katalanischen Seele durchaus entgegen.

Gesetzliche Feiertage
1. Jan. *(Neujahr);* **6. Jan.** *(Hl. Drei Könige);* Karfreitag, Ostermontag; **1. Mai** *(Tag der Arbeit)*, Pfingstmontag; **24. Juni** *(Johannistag);* **15. Aug.** *(Mariä Himmelfahrt);* **11. Sept.** *(katalanischer Nationalfeiertag);* **24. Sept.** *(La Mercè, Schutzpatronin der Stadt);* **12. Okt.** *(Tag der Entdeckung Amerikas);* **1. Nov.** *(Allerheiligen);* **6. Dez.** *(Tag der Verfassung);* **8. Dez.** *(Mariä Empfängnis);* **25. Dez. und 26. Dez.** *(Weihnachten)*

Feste und Festivals
Januar
Cavalcada de Reis: prunkvoller Umzug der Heiligen Drei Könige durch die Innenstadt am 5. Jan.

März
Internationale Oldtimerrallye: prächtige Parade von Oldtimerautos zwischen Barcelona und Sitges am 1. Märzsonntag. *Tel. 938 94 93 57, www.rallyesitges.com*
Marató de Catalunya: populärer Marathonlauf am 3. Märzsonntag. Start und Ziel an der Plaça de Espanya. Anmeldung bis 6 Std. vor dem Start. *Tel. 932 68 01 14, www.marathoncatalunya.com*

April
★ *Sant Jordi (Tag des Buches):* Zu Ehren des hl. Georg, Schutzpatron Kataloniens, schenkt man sich am 23. April eine rote Rose. Auf Straßen und Plätzen werden Bücher verkauft, zehn Prozent günstiger als sonst. Die ganze Stadt scheint auf den Beinen, besonders im Zentrum und auf der Rambla.

April bis Juni
Primavera del Disseny/Primavera Fotográfica: abwechselnd stattfindende internationale Biennalen für Design und Fotografie. Tel. 933 01 77 75, www.bcn.es/icub

Mai
Saló Internacional del Còmic: bedeutende internationale Comicmesse. Mitte Mai. *Im Bahnhof Estació de França*

Juni
Insider Tipp ★ *Sonar:* Das *International Festival of Advanced Music and Multimedia Arts* ist eines der wichtigsten Avantgardefestivals: zeitgenössische Klangkunst, Technomusik, Net-Art, interaktive Installationen. Mitte Juni. www.sonar.es
Nit de Sant Joan: Die ganze Stadt feiert die kürzeste Nacht des Jahres (23./24. Juni) mit Sprüngen über lodernde Freudenfeuer, Feuerwerk.

Juli/August
★ *Grec:* internationales Kulturfestival. Konzerte, Sprech- und Tanztheater aus aller Welt. Stargastspiele und Auftritte interessanter Newcomer. *Tel. 933 01 77 75, www.grec.bcn.es*

September
★ *Festa de la Mercè:* Volksfest zu Ehren der Schutzpatronin Barcelonas in den Tagen um den 24. Sept. Erleben Sie die *castells,* die Menschentürme, den Umzug der *gegants,* der Riesenfiguren, Feuer speiende Drachen, tanzende Teufel, Riesenfeuerwerk. www.bcn.es/merce

Oktober bis Dezember
Internationales Jazzfestival: Konzerte im Palau de la Música, Auditorium und Luz de Gas. www.the-project.net

Dezember
Fira de Santa Llùcia: Krippen- und Weihnachtsmarkt vor der gotischen Kathedrale Anfang Dez.–23. Dez.

Meterhohe Menschentürme

SEHENSWERTES

Mittelalterlich, modernistisch und visionär

Nehmen Sie sich Zeit, um die viel gepriesene Schönheit der Mittelmeermetropole zu entdecken

Die Erkenntnis, dass Barcelona »ganz einzig durch seine Schönheit« sei, legte schon Miguel de Cervantes seinem Don Quijote in den Mund. Dem Lob des rastlosen Ritters können sich zeitgenössische Reisende nur anschließen. Wo sonst finden Sie z. B. so viele und verschiedene Sehenswürdigkeiten auf einmal?

Das nach Prag größte gotische Viertel, die prachtvollen Monumente des *modernisme,* die ultramodernen Entwürfe internationaler Stararchitekten und Designer, von Santiago Calatrava bis Norman Foster: Barcelonas Bild war und ist bestimmt durch Kunst und Kultur. Dabei sind es nicht nur die bedeutenden Baudenkmäler, die die Besucher bezaubern: Die Kunst ist Teil des Alltags und gehört wie selbstverständlich zum Leben der Stadt – ob auf Straßen und Plätzen, in Häusern, Höfen, Parks oder Patios. Wenn Sie also der viel gepriesenen Schönheit Barcelonas wirklich auf die Spur kommen wollen, sollten

Die Casa Batlló trägt unverkennbar die Handschrift Antoni Gaudís

Porträtmalerin auf der Rambla

Sie sich Zeit nehmen, um die unzähligen architektonischen und dekorativen Details der Stadt zu entdecken.

AQUÀRIUM

[122 C5] Grandiose Schau von über 8000 Tieren und Pflanzen aus allen Meeren der Welt, mit nachgebauten Korallenriffen, Biotopen und Tiefseeszenarien. Die Attraktion des größten europäischen Aquariums ist ein über 80 m langer Acryltunnel, durch den die Besucher ein gigantisches Ozeanarium unterqueren, während Haifische und andere skurrile Meeresbewohner über sie hinwegschwimmen. *Juli und Aug. tgl. 9.30–23 Uhr; Sept.–Juni Mo–Fr*

AUSSICHTSPUNKTE

9.30–21 Uhr, Sa und So 9.30 bis 21.30, Eintritt 15 Euro, Moll d'Espanya del Port Vell, www.aquarium bcn.com, Metro: Barceloneta (L4)

AUSSICHTSPUNKTE

Monument a Cristófol Colom (Kolumbus-Denkmal) [110 B6]

Als Kolumbus 1493 vom neu entdeckten Kontinent zurückkehrte, wurde er im Hafen von Barcelona von den spanischen Königen feierlich empfangen. Die fast 60 m hohe Gedenksäule im korinthischen Stil errichtete man 1888 aus Anlass der Weltausstellung. Von der Aussichtsplattform haben Sie einen herrlichen Blick über Hafen und Altstadt. *Okt.–Mai tgl. 10–18.30 Uhr, Juni–Sept. tgl. 9–20.30 Uhr, Eintritt 2,30 Euro, Plaça del Portal de la Pau, Metro: Drassanes (L3)*

Tibidabo [113 E1–2]

Mit 500 m die höchste Erhebung der Stadt. Allein die Fahrt mit den offenen Trambahnwaggons der Tramvía Blau *(ab Av. del Tibidabo, 24. Juni–11. Nov. tgl. 10–20 Uhr, sonst Sa und So 10–18 Uhr)* durch Barcelonas Nobelviertel ist ein Erlebnis. An der Endstation erwarten Sie Panoramabars und ein Gartenrestaurant. Eine Kabinenbahn befördert Sie weiter auf den Gipfel. *März–Dez., Eintritt Vergnügungspark 11–22 Euro, Öffnungszeiten variieren, Tel. 932 11 79 42, www.tibidabo.es, FGC: Tibidabo, dann Tramvía Blau und Drahtseilbahn*

Torre de Collserola (Fernsehturm) [0]

Der zur Olympiade errichtete Fernsehturm, entworfen von Stararchitekt Norman Foster, bietet einen fabelhaften Rundblick (bei guter Sicht 70 km weit) über die Stadt hinaus. Ein Glaslift befördert Sie in atemberaubender Geschwindigkeit auf die 115 m hohe Aussichtsplattform. *Mi–Fr 11–14.30 und 15.30 bis 19 Uhr (Juli–Aug. bis 20 Uhr, Okt.–März bis 18 Uhr), Sa und So 11–20 (Nov.–März bis 18 Uhr, April, Mai, Okt. bis 19 Uhr), Eintritt 5,20 Euro, www.torredecollserola.com, Nahverkehrszug (FGC) S1, S2 bis Peu de Funicular, dann umsteigen in die Kabinenbahn Funicular Vallvidrera*

BAUWERKE

Antic Hospital de la Santa Creu [122 B3]

Einzigartige gotische Krankenhausanlage, eine der ältesten überhaupt. 1401 begonnen, diente sie bis 1926 als Zentralkrankenhaus; in einem der Säle starb Barcelonas berühmter Baumeister Antoni Gaudí. Heute ist hier die *Biblioteca de Catalunya* (nicht öffentlich) untergebracht. Versäumen Sie auf keinen Fall, sich die romantische Innenhofanlage anzusehen – besonders schön während der Konzerte im Sommer. *Carrer del Carme, 47, Metro: Liceu (L3)*

Casa Amatller [122 C1]

Das von Puig i Cadafalch gestaltete Gebäude (1898–1900) gehört zu dem berühmten Häuserblock am Passeig de Gràcia (zwischen den Straßen Consell de Cent und Aragó), der im Volksmund *Mançana de la Discòrdia* heißt: Zankapfel. Der Name bezieht sich auf den Streit darüber, welches dieser architektonischen Kunstwerke das schönste sei (dazu gehören Gaudís Casa Batlló und die Casa Lleó Morera von Do-

SEHENSWERTES

mènech i Montaner). Die Casa Amatller zeugt von der Inspiration des *modernisme* durch die Neugotik, das »goldene Zeitalter« Kataloniens. *Vestibül tagsüber frei zugänglich, Passeig de Gràcia, 41, Metro: Passeig de Gràcia (L2, L3, L4)*

Casa Batlló [122 C1]

⭐ Das von Antoni Gaudí zwischen 1904 und 1906 umgestaltete Gebäude ist Teil der *Mançana de la Discòrdia*. Auch für dieses phantastische Baukunstwerk hat sich Gaudí von der Natur inspirieren lassen: Die sanft gewellte Fassade ist überzogen mit glitzernden Mosaiksteinchen; bizarre Balkons und Erker wirken wie Knochen oder Masken; skurrile Steinsäulen sehen wie Elefantenfüße aus. Die Dachkonstruktion erinnert an ein schuppiges Riesenreptil – eine Anspielung auf die Allegorie vom Drachentöter Sant Jordi, dem Schutzpatron der Stadt. *Tgl. 9–20 Uhr (falls Veranstaltungen stattfinden, nur bis 14 Uhr), Eintritt 16,50 Euro (inkl. Audioguide), Passeig de Gràcia, 43, www.casabatllo.es, Metro: Passeig de Gràcia (L2, L3, L4)*

Casa Lleó Morera [122 C1]

Das dritte Gebäude der phantastischen *Mançana de la Discòrdia*, von Domènech i Montaner gestaltet (1902–06). Kunstvoll gearbeitetes Dekor in reinstem Jugendstil mit einer schier unerschöpflichen Vielfalt von Blumenelementen, ob gemalt, in Stein, Stuck, Glas, Holz oder Keramik. *Nicht öffentlich zugänglich, Passeig de Gràcia, 35, Metro: Passeig de Gràcia (L2, L3, L4)*

MARCO POLO Highlights
»Sehenswertes«

⭐ **Barri Gòtic**
Das Gotische Viertel, einzigartiges Juwel mittelalterlicher Baukunst (Seite 34)

⭐ **Casa Batlló**
Revolutionäre Wohnhausvision von Antoni Gaudí (Seite 21)

⭐ **Casa Milà/La Pedrera**
Gaudís geniales Gesamtkunstwerk (Seite 22)

⭐ **Catedral**
Höhepunkt katalanischer Gotik (Seite 25)

⭐ **Montjuïc**
Barcelonas »Zauberberg« (Seite 28)

⭐ **Palau de la Música Catalana**
Ein Jugendstiltraum (Seite 23)

⭐ **Parc Güell**
Ein bizarrer Balkon über der Stadt (Seite 31)

⭐ **Rambla**
Flaniermeile und Schaubühne Barcelonas (Seite 37)

⭐ **Sagrada Família**
Meisterwerk und gigantische Bauruine (Seite 27)

⭐ **Santa María del Mar**
Schönste gotische Kirche Barcelonas (Seite 27)

BAUWERKE

Phantastische Formen sogar bei den Schornsteinen: Dach der Casa Milà

Casa Milà/La Pedrera [116 C5]
★ Antoni Gaudís berühmtestes Haus nennt der Volksmund bezeichnend *La Pedrera,* der Steinbruch: ein aus Naturstein gehauener Bau ohne tragende Wände, mit wuchtig wuchernden gewellten Fassadenformen, baumstammartigen Säulen und pflanzenhaft geschwungenen Balkons. Bei diesem gewagten Gebäude, das eher aussieht wie eine gigantische, aus Ton oder Wachs geknetete Skulptur, ließ der Architekt seiner überbordenden Phantasie freien Lauf.

Einzigartig ist die (begehbare) exzentrische Dachlandschaft aus skurrilen Schornsteinen und Kaminschächten, die mal wie Totems wirken, mal wie behelmte Soldaten – ein Vorläufer des modernen Environment. Das Gebäude wurde 1984 von der Unesco zum Welterbe erklärt. Zu besichtigen sind eine Wohnung, die Dachterrasse und der *Espai Gaudí* mit multimedialen Informationen über Leben und Werk des Meisterarchitekten. Im ersten Stock gibt es wechselnde Kunstausstellungen. *Tgl. 10–19.30 Uhr, Eintritt 8 Euro, Passeig de Gràcia, 92, www.caixacatalunya.es, Metro: Diagonal (L3, L5)*

**Casa Terrades/
Casa de les Punxes** [117 D5]
Der 1905 errichtete rote Backsteinbau von Puig i Cadafalch verbindet Elemente der nordeuropäischen Gotik mit Motiven der katalanischen Tradition. Mit seinen sechs Spitztürmen, die aussehen wie Hexenhüte (daher der Spitzname *Casa de les Punxes,* Haus der Spitzen) wirkt der exzentrische Bau ein wenig wie aus der Märchenwelt der Brüder Grimm. *Innenräume nicht öffentlich zugänglich. Av. Diagonal, 416, Metro: Diagonal (L3, L5)*

Casa Vicens [116 C3]
Das verspielte Stadtpalais (1883 bis 1888), ein eklektisches Frühwerk Antoni Gaudís im Gràcia-Viertel, trägt bereits die Handschrift des berühmten Baumeisters. Mit ihren maurischen Motiven, den Türmchen, Schloten, Erkern und Balkons erinnert die Anlage an orientalische Paläste. *Innenräume nicht öffentlich*

SEHENSWERTES

zugänglich. *Carolines, 18–24, Metro: Fontana (L3)*

Hospital de Sant Pau [118 A5]
1902 entwarf Lluís Domènech i Montaner ein neues, für damalige Verhältnisse revolutionäres Stadtkrankenhaus. Damit die Patienten an frischer Luft und im Grünen besser genesen, baute er 26 einzelne Pavillons in einen Park; Verbindungsgänge und Diensträume wurden unterirdisch versteckt. Die Pavillons stattete Domènech i Montaner mit reichlich Kunst und Farben aus, an deren heilende Wirkung er glaubte. Schön die keramikgefliesten Dächer mit ihren Türmchen und die reich mit Mosaiken gestaltete Eingangshalle. *Tagsüber teilweise frei zugänglich, tgl. Führungen, 10.15 und 12.15 Uhr in engl., 11.15 Uhr in katalanischer, 13.15 Uhr in spanischer Sprache, Sant Maria Claret, 167–171, www.santpau.es, Metro: Hospital de Sant Pau (L5)*

Palau de la Música Catalana [111 E3]
★ Von Lluís Domènech i Montaner zwischen 1905 und 1908 errichteter Musikpalast in üppigstem Jugendstil: ein einzigartiges Juwel des *modernisme*, als »Ode an Katalonien« konzipiert. Opulent geschmückte Straßenfassaden, zur Carrer Sant Pere més alt mit mosaikbedeckten Säulen, gekrönt von den Büsten Bachs, Beethovens, Wagners und Palestrinas. Von einzigartiger Schönheit ist die nach innen gewölbte Kuppel aus buntem Glas in der Mitte des Auditoriums. Decken, Wände und Säulen des Saales sind überzogen mit Ornamenten aus Blüten und Ranken in scheinbar unendlichen Variationen, dazu Drachenköpfe und andere symbolträchtige Skulpturen. *Führungen tgl. 10.30–15.30 Uhr alle 30 Min., im Juli an vielen Tagen bis 18 Uhr, Eintritt 8 Euro, Sant Francesc de Paula, 2, Tel. 932 95 72 00, www.palaumusica.org, Metro: Urquinaona (L1, L4)*

Palau Güell [110 B–C5]
Ein Frühwerk Antoni Gaudís, das seinen Ruf als einer der größten Architekten und Kunsthandwerker seiner Zeit begründete. 1889 wurde es für den Gönner und Industriellen Eusebi Güell erbaut. Die asymmetrische Fassade und die bizarren Schornsteine der Dachlandschaft deuten bereits Gaudís Bruch mit der noch dominierenden geometrischen Form an. *Achtung: das Gebäude bleibt wegen Renovierung bis 2007*

Hospital de Sant Pau

FREILICHTMUSEUM

Schillernde Schuppen: Fischskulptur von Frank O. Gehry am Olympiahafen

geschlossen! *Nou de la Rambla, 3, Metro: Liceu (L3)*

FREILICHTMUSEUM

**Poble Espanyol
(Spanisches Dorf)** [120 C2]
Spaniens volkstümliche Architektur im Überblick: In dem 1929 zur Weltausstellung erbauten Poble Espanyol am Montjuïc finden Sie die charakteristischen Bauformen der einzelnen spanischen Regionen detailgetreu nachgebildet. Wenn Sie durch die Gässchen des Spanischen Dorfes schlendern, können Sie auf der andalusischen Plaça einen Aperitif nehmen oder in einer baskischen Schänke einkehren. Restaurants, Cafés, Bars, Clubs, Musiklokale – darunter einige recht gute, sogar ein empfehlenswertes Flamencolokal. Neben Ramschgeschäften auch eine Reihe hübscher Kunsthandwerksbetriebe. Auf dem Dorfplatz finden im Sommer attraktive Rock-, Pop- und Weltmusikkonzerte statt. Auch nach umfassender Modernisierung ist das Museumsdorf geblieben, was es war: Attraktion und Ausflugsziel für Touristen. *Mo 9–20 Uhr, Di–Do 9–2 Uhr, Fr und Sa 9–4 Uhr, So 9–24 Uhr, Eintritt 7,50 Euro, Familienticket 15 Euro, www.poble-espanyol.com, Metro: Espanya (L1, L3), Bus: Poble Espanyol (61,13)*

HAFEN

**Port Olímpic
(Olympiahafen)** [123 F6]
Wo früher zwischen Barceloneta und Poble Nou leere Fabrik- und Lagerhallen standen, liegt seit 1992 das von Stränden umgebene olympische Dorf (Vila Olímpica) mit neu angelegtem Yachthafen. Um das Hafenbecken herum gibt es Restaurants, Terrassenlokale, Nachtclubs, Bars und Cafés; die meisten der modernen Lokale sind eher Geschmackssache. An der Promenade ragen die

|24

SEHENSWERTES

zwei höchsten Bauten Spaniens in den Himmel: das Luxushotel Arts und ein architekturpreisgekröntes Bürohaus. Am Strand davor eine faszinierende Großskulptur von Frank O. Gehry: ein fast 50 m langer Fisch aus Bronze, dessen Aussehen sich je nach Sonneneinfall ändert. Eine palmenbestandene Promenade verbindet die schöne neue Welt des Port Olímpic mit Hafen und Stränden der Barceloneta.

Insider Tipp

**Port Vell
(Alter Hafen)** [122 B–C5]
Als Barcelonas Alter Hafen zwischen Rambla und Barceloneta im Zuge der Olympiade umgekrempelt wurde, verschwand die alte Welt der Fischer und Seeleute, samt den schäbigen Schuppen, die so lange den Blick aufs Wasser versperrt hatten. Die Hafenmolen *Moll de la Fusta* und *Moll de la Barceloneta* wurden zu modernen Flanier- und Restaurantmeilen umgestaltet, der Verkehr teilweise in unterirdische Tunnel verlegt. Während die Moll de la Fusta inzwischen ihre beste Zeit hinter sich hat, gehört die Moll de la Barceloneta nach wie vor zu den beliebten Freizeitzielen. Gelungen ist die Restaurierung des *Palau*

de Mar, eines ehemaligen Lagerschuppens: Hier sind Restaurants, Bars und das Museum für Katalanische Geschichte untergebracht. In der Nähe führt ein Damm zur *Moll d'Espanya* mit Aquarium, Imax-Kino und dem modernen Freizeit- und Shoppingcenter *Maremàgnum.* Schön ist der Zugang über die *Rambla de Mar:* eine elegant geschwungene Holzbrücke für Fußgänger, die die Rambla ins Meer bzw. in den Hafen verlängert.

KIRCHEN

Catedral (Kathedrale) [111 D4]
★ Der Bau des gewaltigen Gotteshauses wurde im 11. Jh. begonnen: auf den Fundamenten einer frühchristlichen, von den Mauren zerstörten Basilika. Aber erst zwischen 1298 und 1448 bekam das großartige Kirchenschiff seine heutige Form, während die neugotische Hauptfassade sogar erst 1890 fertig wurde. Wunderschön ist das Chorgestühl im Zentrum des Kirchenraums – eine Besonderheit spanischer Kirchen, die nicht ausschließlich für liturgische Zwecke konzipiert waren. In einer der 29 vorwiegend aus dem 16. und 17. Jh.

Entspannen & Genießen

Wie neu von Kopf bis Fuß

Für erschöpfte Pflastertreter, die abends wieder fit und schön sein wollen: Kopf-, Fuß, Nacken- oder Rückenmassagen ab 10 Min. (8 Euro), Friseur, Maniküre, Fußpflege, Gesichtspflege, Tag- und Abend-Make-ups. Oder halten Sie einfach einen Schönheitsschlaf: Nach 30 Min. Siesta werden Sie mit sanfter Massage geweckt. *Masajes a 1000, tgl. 8–24 Uhr, ohne Reservierung, Mallorca, 233* [116 B6], *Metro: Passeig de Gràcia (L3, L3, L4)*

Kirchen

Jahrhundertelang hat es gedauert, bis die Kathedrale so aussah wie heute

stammenden Seitenkapellen wird ein angeblich wundertätiges Kruzifix aufbewahrt. Es soll geholfen haben, die Türken in der großen Seeschlacht von Lepanto zu besiegen. Die Kathedrale diente eben nicht nur zur Verbreitung des göttlichen, sondern auch des irdischen Ruhms. Geweiht ist die Kathedrale der Märtyrerin Santa Eulàlia, der Schutzpatronin der Stadt, die in spätrömischer Zeit zu Tode gefoltert wurde. Die Heilige liegt in einem Alabastersarkophag in der Krypta unter dem Hochaltar begraben.

Sehenswert ist auch der bezaubernde Kreuzgang mit kleinen Kapellen, Garten, gotischem Brunnen und einer Schar von Gänsen, die zu Ehren der heiligen Eulàlia herumschnattern. Vom Kreuzgang gelangt man in das kleine *Museum (tgl. 10–13 und 17–19 Uhr, Eintritt 1 Euro)* der Kathedrale, das verschiedene Kultgegenstände zeigt, archäologische Fundstücke und einige interessante gotische Altarbilder. *Mo–Sa 8–12.45 und 17.15–19 Uhr, Plaça de la Seu, www.catedralbcn.org, Metro: Jaume I (L4)*

Krypta de la Colonia Güell [0] Insider Tipp

Auch wenn vom geplanten Kirchenbau nur die Krypta zu sehen ist, zählt das Fragment zu den Meisterwerken Antoni Gaudís. Für viele ist die Krypta sogar sein kühnstes und modernstes Projekt: ein phantastisch-kompliziertes Geflecht, das nahezu ohne rechte Winkel auskommt. Ursprünglich sollten Krypta und Kirche im Zentrum einer utopischen Arbeitersiedlung stehen, die jedoch nie verwirklicht wurde. *Mai–Okt. Mo–Fr 10–14 und 15–19 Uhr, Sa und So 10–15 Uhr, Nov.–April tgl. 10–15 Uhr, Eintritt 4 Euro, Santa Coloma de Cervelló, FGC-Linien S3, S4, S7 ab Plaza Espanya bis Colonia Güell*

SEHENSWERTES

Sagrada Família   [117 F5–6]

⭐ Der Sühnetempel, der Heiligen Familie gewidmet, mit seinen sich parabolförmig in den Himmel schraubenden Riesentürmen Symbol des *modernisme,* wurde zum weltbekannten Wahrzeichen Barcelonas. An seinem unvollendeten Hauptwerk und Vermächtnis baute Antoni Gaudí vier Jahrzehnte lang, in seinen letzten zwölf Lebensjahren ausschließlich. Als er 1926 starb, hatte er nur Apsis, einen der Türme, die neogotische Krypta und die der Geburt Christi gewidmete Ostfassade (Weihnachtsfassade) beendet. Seither wird an der Büßerkirche weitergebaut, finanziert ausschließlich aus Spenden und Eintrittsgeldern.

Gaudí selbst sah den Mammuttempel in der Tradition mittelalterlicher Kathedralen, deren Fertigstellung Generationen dauerte. Was indes posthum dazukam, ist umstritten: keine Spur von der kühnen Phantasie und Genialität Gaudís, von der ungeheuren Symbolkraft jedes einzelnen architektonischen Elements der Kathedrale, inspiriert durch Natur, Religion und Mystik – Gaudí bezeichnete sein Werk als eine »Predigt aus Stein«. Da es zu seiner Arbeitsweise gehörte, ständig zu experimentieren, gibt es so gut wie keine Originalpläne für den Weiterbau. Besonders fragwürdig sind die aktuellen Skulpturen des Bildhauers Josep Maria Subirachs an der Leidensfassade (Nordseite) – mehr Kitsch und klischeehafte Imitationen als Kunst. Auf die 🔅 Türme des trotz allem grandiosen Kirchenbaus gelangt man über Schwindel erregende Wendeltreppen (400 Steinstufen!) oder mit einem hochmodernen Lift. *April bis Sept. tgl. 9–20 Uhr, Okt.–März tgl. 9–18 Uhr, Eintritt 8 Euro, Lift 2 Euro, Plaça de la Sagrada Família, www.sagradafamilia.org, Metro: Sagrada Família (L2, L5)*

Santa Anna   [111 D2]

Kleine gotische Kirche, die nicht so sehr mit Kunstschätzen lockt, sondern durch ihre besondere Atmosphäre gefangen nimmt. Vor allem der stimmungsvolle Kreuzgang bietet den Besuchern, nur ein paar Schritte von der lärmenden Plaça de Catalunya, unerwartete Momente von Stille. *Santa Anna, 27–29, Metro: Catalunya (L1, L3)*

Santa María del Mar   [111 E5]

⭐ Für viele ist sie die schönste Kirche Barcelonas. Das Gotteshaus in reiner katalanischer Gotik fasziniert durch seine kunstvolle Schlichtheit: Keinerlei Pomp oder Gepränge stört den Eindruck von Weite, Offenheit und meditativer Stille. Kunstvoll gestaltete, polychrome Glasfenster, teilweise aus dem 15. Jh., tauchen das fast leere Kirchenschiff (Chorgestühl und Einrichtung verbrannten im Bürgerkrieg) in beinahe mystisches Licht und verstärken den Eindruck tiefer innerer Ruhe.

Der Bau mit seinen hohen, schlank aufragenden Säulen im Innenraum wurde zwischen 1329 und 1384 errichtet – für mittelalterliche Kathedralen geradezu eine Rekordzeit, die auch die außergewöhnliche stilistische Einheitlichkeit erklärt. Wenn Sie die Besichtigung mit einem Konzert verbinden, können Sie neben der Kirchenarchitektur auch die außergewöhnliche Akustik genießen. *Mo–Sa 9–13.30 und 16.30–20 Uhr, So 10–13.30 und 16.30–20 Uhr, Plaça de Santa*

Parks & Gärten

María, www.santamariadelmar.tk, Metro: Jaume I (L4)

Sant Pau del Camp [110 A4]

`Insider Tipp`

Im 10. Jh. auf freiem Feld errichtet, gehört die schöne kleine Klosteranlage am Rande des Barri Xino zu den wenigen erhaltenen romanischen Bauwerken Barcelonas. Einfacher einschiffiger Kirchenraum. Durch schlichte Schönheit bezaubernder Kreuzgang mit Garten: eine Oase der Ruhe inmitten der lauten und hektischen Großstadt. *Mo–Do 10 bis 13, Sa 10–14 Uhr, Carrer de Sant Pau, 101, Metro: Paral·lel (L3)*

PARKS & GÄRTEN

Montjuïc [120–121 B–E 2–5]

★ Der 173 m hohe Hausberg Barcelonas ist nicht wegzudenken aus Geschichte, Kultur und Freizeit der Stadt. Die kastilischen Belagerer nutzten die im 17. Jh. errichtete Festungsanlage auf dem Gipfel (heute Militärmuseum), um die Stadt in Schach zu halten. Von hier aus wurde bei sozialen Unruhen bombardiert, während der Franco-Diktatur war die Festung ein gefürchtetes Gefängnis. Am steil abfallenden Osthang, der berüchtigten Curva del Morrot, wurden die politischen Häftlinge erschossen und ins Meer geworfen.

Aber mit dem Montjuïc verbinden sich nicht nur schmerzhafte Erinnerungen. Anfang des 20. Jhs. unternahm man erste Versuche, den Berg in ein Naherholungsgebiet umzugestalten. Die Weltausstellung von 1929 brachte die entscheidenden Impulse. Es entstanden zahlreiche Paläste, Pavillons und Gärten, die als Campanile gestalteten Türme an der Plaça de Espanya, das Spanische Dorf, das Amphitheater Grec. Aber erst mit der Olympiade 1992, zu deren zentralem Schauplatz der

Romanische Klosteranlage aus dem 10. Jh.: Sant Pau del Camp

SEHENSWERTES

Montjuïc wurde, kam die völlige Erschließung. Heute ist das Gelände so groß und reich an Attraktionen, dass Sie sich konkrete Ziele vornehmen sollten. Unterhalb des Palau Nacional mit dem unbedingt sehenswerten *Museu d'Art de Catalunya* liegt der originalgetreu rekonstruierte *deutsche Weltausstellungspavillon (tgl. 10–20 Uhr, Eintritt 3,50 Euro)*, den Bauhausarchitekt Mies van der Rohe 1929 für die Weimarer Republik entwarf. Ein paar Schritte weiter die *Font Màgica:* eine riesige Art-decó-Fontäne, die an manchen Abenden ein faszinierendes Schauspiel von Wasser, Licht, Farbe und Musik bietet *(Mai–Sept. Do–So 20 bis 23.30 Uhr, Musik- und Lichtspiele 21.30–23 Uhr in halbstündlichem Rhythmus, Mitte Sept. bis Ende April Fr und Sa 19–21 Uhr Musik- und Lichtspiele in halbstündlichem Rhythmus).*

Etwas höher, an der Carrer Lleida, ist um den Mercat de les Flors herum ein riesiger Theaterkomplex entstanden: Ein Blick ins Foyer des ehemaligen Blumenmarktes lohnt sich schon wegen des Deckengemäldes von Miquel Barceló. Wenn Sie links um die Ecke biegen, stoßen Sie auf das *Archäologische Museum*, gleich nebenan auf das *Ethnologische Museum*. Von dort steuern Sie auf das *Teatre Grec* zu, ein nachgebildetes Amphitheater inmitten bezaubernder mediterraner Gärten. Etwas höher die *Fundació Joan Miró* – eine Station, für die Sie sich Zeit lassen sollten. Auch das *Caférestaurant der Miró-Stiftung (tgl. 10–19 Uhr)* ist empfehlenswert, nicht nur wegen des traumhaften Panoramablicks. Von hier aus ist es nur ein Sprung zu den olympischen Anlagen. Das Stadion, 1929 gebaut,

wurde für die Spiele von 1992 total renoviert. Unübersehbar der von Stararchitekt Arata Isozaki errichtete *Palau Sant Jordi:* der eigenwillige Sportpalast, der an einen gigantischen Schildkrötenpanzer erinnert. Ein Spaziergang durch Gärten und Parkanlagen führt zum Spanischen Dorf.

Die beste Aussicht haben Sie oben von der Festung – Sie können zu Fuß gehen oder mit der Drahtseilbahn fahren (Station ein paar Schritte von der Miró-Stiftung). Einen Steinwurf von der Festung finden Sie den *Cementeri del Sud-Oest:* Auf dem Friedhof ruhen etliche derer, die hier oben hingerichtet wurden. Die trostlos aneinander gereihten Grabnischen der kleinen Leute stehen im Kontrast zu den prachtvollen Pantheons und Jugendstilmausoleen der Highsociety. Am Südrand liegt das Grab des legendären Anarchisten Buenaventura Durruti.

Wenn Sie über die Carrer Montjuïc hinabsteigen, legen Sie einen Zwischenstopp ein am *Mirador:* Die Aussicht über Stadt und Hafen ist herrlich. *Metro: Espanya (L1, L3)*

Parc de la Ciutadella [123 D–E 4–5]

Wo heute der beschauliche Park zum Besuch einlädt, stand einst die den Katalanen verhasste Zitadelle. Errichtet 1715 von Philipp V. nach seinem Belagerungssieg über Barcelona, diente die Festung als gefürchtetes Gefängnis, zur Unterwerfung der aufmüpfigen Katalanen. Die ruhten nicht, bis die Zitadelle 1878 fiel und auf dem Gelände ein Park entstand. 1888 wurde die Anlage dann zum Schauplatz der Weltausstellung, die Barcelonas

Parks & Gärten

Aufbruch in die Moderne einläutete. Am Haupteingang des Parks steht ein märchenhaft-burgartiger Bau mit glänzenden Goldzinnen: das ehemalige Ausstellungsrestaurant *Castells dels Tres Dragons,* ein Entwurf des Architekten Domènech i Montaner (heute *Museum für Zoologie).*

Daneben zwei weitere sehenswerte Pavillons: das *Hivernacle,* eine luftige Konstruktion aus Kristall und Gusseisen. In dem Restaurant können Sie die schöne Fin-de-Siècle-Atmosphäre bei Kaffee oder einem Aperitif genießen, mitunter auch ein Jazzkonzert – essen sollten Sie lieber woanders. Nebenan das *Umbracle,* eine Art von tropischem Gewächshaus im Stil des 19. Jhs. Mittelpunkt des Parks ist die große Kaskade mit ihren überbordenden Skulpturen, an deren Bau der junge Gaudí als Student beteiligt war. Am unteren Parkende liegt der *Zoologische Garten (März bis Mai und Okt. tgl. 10–18 Uhr, Juni–Sept. tgl. 10–19 Uhr, Nov.–Feb. tgl. 10–17 Uhr, Eintritt 14,50 Euro, www.zoobarcelona.com).* Gleich daneben befindet sich das Katalanische Parlament. *Park März und Nov. tgl. 10–19 Uhr, April und Okt. tgl. 10–20 Uhr, Mai–Sept. tgl. 10–21 Uhr, Dez.–Feb. tgl. 10–18 Uhr; Metro: Arc de Triomf (L1), Ciutadella (L4)*

Parc de l'Espanya Industrial [115 D6]
Der Park entstand im Zuge der olympischen Rundumerneuerung, anstelle einer nicht mehr genutzten Textilfabrik: Er ist eine gelungene Verbindung von ultramoderner Architektur, zeitgenössischer Kunst und Freizeitvergnügen wie Bootfahren. Alles wird überragt von zehn futuristischen Türmen, die als Aussichtsplattform dienen – eine Mischung aus Blade Runner und Entenfüttern im Park. *Metro: Sants Estació (L3, L5)*

Parc del Laberint [0]
Die prächtige Gartenanlage ist ein Meisterwerk des ausgehenden 18. Jhs., gestaltet von seinem Besitzer, dem Marquis von Alfarràs. Der Besucher wird überrascht von verspielten Amorstatuen, Wasserkaskaden, Brücken, Brunnen und kleinen Teichen, Marmortempeln – ein neoklassizistisches Ensemble nach italienischem Vorbild. Obwohl der Park inzwischen etwas renovierungsbe-

Pavillon aus Kristall und Gusseisen: Hivernacle im Parc de la Ciutadella

SEHENSWERTES

Richtig fit!

Joggen mit Aussicht

Trimmen auf traumhaften Pfaden: durch den Naturpark der Collserola-Höhe **[113 F1–3]**, die Barcelona landeinwärts begrenzt. Sie joggen hoch über Barcelona, teilweise mit atemberaubendem Panoramablick, auf einer 9 km langen Waldstrecke. Und sollte plötzlich ein Wildschwein vor Ihnen stehen: Kein Grund zur Panik, die Tiere sind den Anblick schwitzender Zweibeiner gewöhnt! *Carretera de les Aigües. Am Ende der Carretera Manuel Arnús Wagen abstellen, dann links auf den Waldweg C. de les Aigües. Oder mit der Vorortbahn FGC ab Plaça de Catalunya bis Peu del Funicular, dann mit der Drahtseilbahn Funicular de Vallvidrera bis zur Station Carretera de les Aigües.*

dürftig ist, bezaubert er durch seinen dekadenten Charme. Im Zentrum steht das hübsche, naiv-arabeske Palais des Marquis mit modernistischen Elementen. Dazu ein verzwicktes Labyrinth aus beschnittenen Zypressen, in dem Sie sich getrost verlieren können. *März, Okt. tgl. 10–19 Uhr, April, Sept. tgl. 10–20 Uhr, Mai–Aug. tgl. 10–21 Uhr, Nov.–Febr. tgl. 10–18 Uhr, Eintritt 2 Euro, So und Mi gratis, Metro: Mundet (L3)*

Parc Güell   [117 E1]

★ ◁♦▷ Märchenhäuser, Drachenfiguren, gigantische Grotten, schräg gegen den Berg gestemmte Arkaden: Der von Antoni Gaudí über der Stadt angelegte malerische Park, der schon Dalí begeisterte, wurde von der Unesco 1984 als Welterbe unter Schutz gestellt.

Das innovative Werk Gaudís, ein Auftrag seines Gönners Eusebi Güell, war eigentlich als großzügige Siedlung gedacht. Die Anlage offenbart wie sonst nirgendwo Gaudís Universalgenie als Architekt, Künstler, Kunsthandwerker und Landschaftsplaner. Im Zentrum steht eine von dorischen Säulen getragene riesige Terrasse (ursprünglich geplant als Markt), unter der die Säulen eine bizarre Halle bilden. Auf der Terrasse mit atemberaubendem Panoramablick eine lang geschwungene, schlangenförmige Mauerbank, gearbeitet – wie viele Werke Gaudís – nach der Trencadiz-Methode, einer Collagetechnik, bei der die farbenprächtige Mosaike aus Glasscherben und Bruchkeramik entstehen.

Überall sind symbolhafte Motive und Skulpturen zu entdecken; am Treppenaufgang der leuchtend bunte Drache Python, der der griechischen Sage nach die unterirdischen Gewässer bewacht. Der Park ist eine einzigartig geglückte Verbindung von Architektur und Natur. Auf dem Gelände befindet sich auch das *Gaudí-Museum* im Wohnhaus des Baumeisters, mit biografischen Zeugnissen und Objekten. *März und Nov. tgl. 10–19 Uhr, April und Okt. tgl. 10–20 Uhr, Mai–Sept. tgl.*

31

PLÄTZE

Parc Güell – unnachahmliche Synthese von Natur und Architektur

10–21 Uhr, Dez.–Feb. tgl. 10–18 Uhr, Carrer d'Olot, Metro: Lesseps (L3), Alfonso X (L4)

PLÄTZE

Plaça de Catalunya [111 D2]
Geografisches Zentrum der Stadt, wichtiger Verkehrsknotenpunkt, beliebter Treff für Verabredungen, Veranstaltungsort und vieles mehr – nur eines ist die Plaça de Catalunya ganz sicher nicht: ein schöner Platz. Seit ihrer Entstehung Mitte des 19. Jhs. wurde die Plaça so oft umgemodelt, dass sich auch architektonisch kaum etwas hervorheben lässt. Bankgebäude und Shoppingcenter bestimmen das Bild. *Metro: Catalunya (L1, L3)*

Insider Tipp Plaça de Sant Felip Neri [111 D4]
Malerischer kleiner Platz im Gotischen Viertel, idyllischer Ruhepunkt mitten im Labyrinth der Altstadtgassen. Antoni Gaudí kam auf seinen allabendlichen Spaziergängen hierher, während er an der Sagrada Família baute. Der romantische Platz blieb bis heute verschont von moderner Hektik. Sehenswert sind die Barockkirche *Sant Felip Neri* und die Renaissancefassade des *Schuhmuseums*. *Metro: Catalunya (L1, L3)*

Plaça de Sant Jaume [111 D4]
An diesem Platz des Gotischen Viertels wurde und wird katalanische Geschichte geschrieben. Schon vor 2000 Jahren, als Barcelona noch die von den Römern gegründete Siedlung Barcino war, liefen hier alle Fäden zusammen. Auf dem Platz wurde 1931 die katalanische Republik ausgerufen, von hier schmetterte der aus dem Exil heimkehrende Landespräsident Josep Tarradellas 1977 der begeisterten Menge seinen legendären Satz entgegen: *»Ja sóc aquí«,* »Ich bin wieder da«. Zur Plaça de Sant Jaume kommen die Katalanen bis heute, um zu demonstrieren, ihre Feste zu feiern oder einen Sieg des F. C. Barcelona zu bejubeln. Auch architektonisch ist er bemerkenswert. Auf einer Seite steht der *Palau de la Generalitat (Führungen jeden 2. und 4. So im Monat 10.30–13.30 Uhr),* Sitz der autonomen katalanischen Landesregierung. Der Palast wurde zwischen 1403 und 1630 um ein gotisches Kerngebäude

SEHENSWERTES

errichtet. Schön die *Sant-Jordi-Kapelle,* der Kuppelsaal Sant Jordi mit Deckenmalereien, der prunkvolle Goldene Sitzungssaal, den man über den bezaubernden Orangenhof erreicht. Während im Palau Kataloniens Präsident Jordi Pujol regiert, sitzt im *Ajuntament,* im Rathaus *(So 10 bis 13.30 Uhr),* gegenüber der sozialistische Bürgermeister Barcelonas – zum größten Unbehagen des konservativ-nationalistischen Landesvaters. Sehenswert ist der gut erhaltene gotische Teil des Ajuntament (14. Jh.) mit dem prächtigen Ratszimmer des Consell de Cent (Rat der Hundert) und seinem herrlichen Innenhof. Die neoklassizistische Fassade stammt aus dem 19. Jh. *Metro: Jaume I (L4)*

Plaça de Sant Josep Oriol/
Plaça del Pi   **[110 C4]**
Die beiden Plätze um die Kirche Santa María del Pi gehören zu den stimmungsvollsten der Innenstadt. In den kleinen Terrassenbars und Cafés bekommen Sie einen Eindruck von dem, was mediterranes Lebensgefühl ausmacht. Ein Platz zum Dasitzen und Schauen, alte Läden zum Stöbern, sonntagvormittags Bildermarkt. *Metro: Liceu (L3)*

Plaça Reial   **[110 C4–5]**
Eines der schönsten Platzensembles der Stadt, entstanden zwischen 1848 und 1859 nach französischen Vorbildern aus der Ära Napoleons. Der arkadengeschmückte Komplex klassizistischer Bauten wurde anstelle eines ehemaligen Kapuzinerklosters errichtet. In seinem Zentrum der Drei-Grazien-Brunnen; später kamen die von Antoni Gaudí entworfenen modernistischen Laternen dazu. Nachdem der Platz verfallen und zum Milieu für Dro-

genhandel und Prostitution heruntergekommen war, wurde er zwischen 1981 und 1983 total saniert und bietet Terrassencafés, Lokale, Jazzclub, Diskos. Vorsicht, Taschendiebe! *Metro: Liceu (L3)*

STADTTEILE

Barceloneta   **[122–123 C–E 5–6]**
Als Barcelonas Fischerdorf bekannt gewordenes Viertel, das mit den engen Gassen und zwischen den Häusern gespannten Wäscheleinen an Neapels Altstadt erinnert. Dabei entstand das Viertel am Mittelmeerstrand nach den Plänen eines Militäringenieurs: übersichtlich in strengem Schachbrettmuster angelegt – zur besseren Kontrolle der Bevölkerung. Begonnen wurde mit dem Bau 1753, als ein neues Quartier gebraucht wurde für die Bewohner des Ribera, die der Zitadelle weichen mussten. Das neue Viertel war für damalige Verhältnisse durchaus modern: einstöckige Häuser, licht und sonnig, in die Fischer, Seeleute, Hafenarbeiter und Handwerker zogen. Der Niedergang der Barceloneta begann vor etwa 100 Jahren, als es mit Fischerei und Seefahrt bergab ging. Das Viertel verarmte, verdreckte, verfiel. Zu den Arbeitern kamen Arbeitslose und Einwanderer, die Häuser wurden höher gezogen, die Straßen düsterer. Trotzdem blieben die vielen kleinen Tavernen, Bars und Fischrestaurants stets ein kulinarischer Anziehungspunkt, auch für Bohemiens und Gourmets der Oberstadt – bis heute. Gastronomische Angebote findet man nach wie vor an jeder Ecke, selbstverständlich in unterschiedlicher Qualität.
Im Zuge der olympischen Erneuerung wurde auch hier viel abgeris-

33

STADTTEILE

sen, renoviert, modernisiert – vor allem entlang der neuen Hafen- und Strandpromenaden, inzwischen schicke Restaurant- und Flaniermeilen und beliebte Skateboardpisten. In den Gassen hinter der schönen neuen Freizeitwelt findet man noch viel vom alten Charme des maritimen Viertels, aber auch von seinen Problemen. Dazu wachsen die Befürchtungen der Bewohner, dass auch die Barceloneta zum teuren Nobelquartier wird, das sie sich nicht mehr leisten können.

Barri Gòtic [111 D4–5]

★ Das Gotische Viertel, das »Herz Barcelonas«, zeugt mit seiner architektonischen Pracht von der Blütezeit Kataloniens als Mittelmeermacht. Die meisten Baudenkmäler stammen aus dem 14. und 15. Jh., als der Wohlstand der Bürger zu einem Bauboom führte. Erst als Barcelona seine Vormachtstellung im 16. Jh. an Kastilien verlor, begann der Niedergang des Barri Gòtic.

Bis heute befinden sich viele Wohngebäude in total heruntergekommenem Zustand. Daran hat selbst die olympische Rundumerneuerung kaum etwas geändert, trotz renovierter Fassaden, neuer Plätze, Bänke oder Bäume. In jüngster Zeit halten Stadterneuerer und Architekten Einzug ins Viertel – aber mit ihnen kommen Immobilienhaie und Spekulanten, die versuchen, die alteingesessenen Bewohner aus ihren billigen Wohnungen zu vertreiben. Alte Leute lebten bislang vor allem hier, Studenten, Künstler, Kleinkriminelle, Weltenbummler oder Immigranten. Dazu kommen jetzt Modedesigner, Galeristen, Architekten und andere betuchte Individualisten. Die neu er-

öffneten Boutiquen und Szenebars haben die kuriosen Krämerläden und Eckkneipen aber noch nicht ganz verdrängt. Im Gewirr der gotischen Altstadtgassen kann man sich nach wie vor einen lebendigen Eindruck von der Geschichte und vom Lebensgefühl der Katalanen verschaffen.

Eixample

Das Eixample entstand im 19. Jh. als Neustadt des aufstrebenden katalanischen Bürgertums. Die Arbeiten begannen 1859 nach Plänen von Ildefons Cerdà, einem jungen, fortschrittlichen Bauingenieur. Ihm schwebte ein revolutionäres Projekt nach amerikanischem Vorbild vor: eine moderne, lichte Neustadt, mit großzügig im Schachbrettmuster angelegten Straßen, bei der der Mensch im Mittelpunkt stehen sollte. Seine Entwürfe wurden jedoch nur arg verfälscht umgesetzt. Was das Viertel einzigartig macht, sind seine prächtigen Bauten im katalanischen Jugendstil. Im *Quadrat d'Or* [116–117 B–D 5–6, 122–123 B–D1], dem Goldenen Quadrat (südlich der Av. Diagonal, zwischen Aribau und Sant Joan), wurden über 150 modernistische Gebäude unter Denkmalschutz gestellt, eines schöner als das andere. Aber das Eixample ist nicht nur Freilichtmuseum des Jugendstils, auch der moderne Designboom fand hier sein Forum. Geschäfte, Galerien, Lokale, Bars und Straßencafés machen das Eixample noch immer zu einem der lebendigsten Viertel der Stadt.

Gràcia [116–117 B–E 2–5]

Gemütliches Viertel mit viel Nachbarschaftsleben jenseits von Diagonal und Passeig de Gràcia. Hier spü-

SEHENSWERTES

ren Sie noch etwas von der Beschaulichkeit des Dorfes, das Gràcia vor seiner Eingemeindung war. Kleine Häuser und Handwerksbetriebe, Eckkneipen und Lokale, Tante-Emma-Läden, Straßencafés; Plätze, Patios und Terrassen auf Schritt und Tritt (schönster Platz ist die *Plaça del Sol*). In den 1970er-Jahren ging von Gràcia Barcelonas alternative Kulturbewegung aus. Noch immer gibt es hier viele Kleinkunstbühnen, Szenelokale, Kneipen, Galerien und alternative Läden – auch wenn man die Avantgarde inzwischen eher im Raval- und Ribera-Viertel findet. *Metro: Fontana (L3), FGC: Gràcia*

Raval   **[110 A–C 2–5]**
Im Raval konzentrierten sich bis Mitte des 18. Jhs. die Klöster, Gärten, Hospitäler und Handwerker außerhalb der mittelalterlichen Stadtmauern. Während der Industrialisierung entstanden hier große Fabriken und Arbeiterquartiere, bis Anfang des 20. Jhs. der südliche Teil des Viertels unter dem Namen *Barri Xino* als Hafen- und Rotlichbezirk einschlägig bekannt wurde. Doch die Stundenhotels und Bordelle mussten in den 90er-Jahren der Modernisierung des Quartiers weichen.

Heute prallen im Raval so sichtbar wie sonst nirgendwo in Barcelona die Gegensätze aufeinander: abgewrackte Altstadtgassen und avantgardistische Galerien, Szenekneipen und Kaschemmen, Halbwelt und historische Gebäude. Alteingesessene leben hier ebenso wie Immigranten, Modedesigner, Drogendealer, Künstler und Kleinkriminelle – ein konfliktreicher und kreativer urbaner Mikrokosmos. Im Zuge der Sanierung des zuletzt völlig verrotteten Viertels wurden ganze Straßenzüge neu errichtet, vor allem der breite Boulevard Rambla del Raval.

Lektüretipps

Barcelona zwischen Buchdeckeln: Satire, Krimi und Kulturgeschichte

Eduardo Mendozas farbig fabulierter, herrlich satirischer Roman »Stadt der Wunder« führt in die Zeit zwischen den Weltausstellungen 1888 und 1929 und erzählt den abenteuerlichen Aufstieg eines jungen Anarchisten zum mächtigsten Mann Barcelonas. In den gesellschaftskritischen Krimis von Manuel Vázquez Montalbán bekämpft der Privatdetektiv, Gourmet und Zyniker Pepe Carvalho auf seine Weise Kriminalität und Korruption im schönen neuen Barcelona. »Der große Roman von Barcelona« von Sergi Pàmies ist ein erzählerisches Mosaik aus lakonischen, oft aberwitzigen Episoden. In dem vielschichtigen Roman »Der Schatten des Windes« fängt Carlos Ruiz Zafón den visuellen Zauber Barcelonas ein. In seiner »Gebrauchsanweisung für Barcelona« gibt Merten Worthmann höchst vergnügliche Einblicke in Land und Leute.

STRAND

Der kilometerlange Strand ist gepflegt, und Duschen finden Sie auch

Ribera [111 E–F 4–5]
Dass die Ribera im Mittelalter ein Viertel von Händlern und Handwerkern war, prägt ihren Charakter bis heute: schmale Gassen, enge Torbögen, kleine, bescheidene Häuser, verstaubte Werkstätten, Straßen, die nach den damals geläufigen Handwerksberufen benannt sind: Hutmacher *(Sombrerers)* oder Silberschmiede *(Argenteria)*. Seit den 1960er-Jahren machte man sich daran, die verfallende Gotik der Ribera zu restaurieren – das Viertel kam in Mode. Dann wurde es wieder etwas stiller. Seit ein paar Jahren nun haben Kunst, Kultur und Gastronomie hier endgültig Einzug gehalten – ohne den authentischen Charakter zu verderben.

STRAND

[124–125 A–D 5–6] Die olympische Rundumerneuerung bescherte Barcelona attraktive Badestrände, die sich von der Barceloneta aus kilometerweit nach Norden hinziehen. Während es um das olympische Dorf im Sommer von Buden und Bars nur so wimmelt, lässt der Trubel gen Norden etwas nach. Die Wasserqualität wird offiziell als gut deklariert, aber mancher hat so seine Zweifel. *Metro: Barceloneta (L4), Ciutadella (L4)*

STRASSEN & AVENUEN

Carrer de Montcada [111 E4–5]
Die gut erhaltene Gasse im Ribera-Viertel ist ein wahres Juwel spätmittelalterlicher Baukunst. Auf nur wenigen Metern finden Sie hier ein einmaliges Ensemble aus Stadtpalästen des 14. Jhs., der Blütezeit Kataloniens. Wunderschöne Holztore und Innenhöfe verweisen auf Reichtum und Geschmack der aristokratischen Handelsleute, die die Herrschaftshäuser erbauen ließen. Als die Paläste in den 1950er-Jahren

SEHENSWERTES

zu verfallen drohten, wurden sie von der Stadt aufgekauft und nach und nach vorbildlich restauriert. Heute sind in den meisten Gebäuden Museen, Galerien oder Ausstellungszentren untergebracht. *Metro: Jaume I (L4)*

Passeig de Gràcia [116 C5–6, 122 C1]

Mondäner Flanierboulevard mit prächtigen Jugendstilbauten und Palais, darunter bedeutende Monumente des *modernisme,* wie Gaudís »Pedrera«. Gleichzeitig ein Panoptikum von großbürgerlicher Prunk- und Prestigesucht. Wer im 19. Jh. in Barcelona auf sich hielt, baute auf dem Passeig de Gràcia ein Wohn- oder Geschäftshaus. Bis heute konzentrieren sich hier exklusive Modegeschäfte, Juwelierläden, Luxushotels, Banken, noble Restaurants – aber auch zunehmend die bei Touristen beliebten Fastfood-Tapas-Bars.

Rambla [110 C2–5]

★ Auch wenn die Flaniermeile nur etwas mehr als einen Kilometer lang ist: Auf diesem kurzen Weg zwischen der Plaça de Catalunya und dem Hafen zeigen sich die verschiedenen Gesichter der Stadt, hier können Sie Atmosphäre und Lebensrhythmus, Geschichte und Zukunft Barcelonas spüren. Unablässig bevölkert ein bunter Menschenstrom die Rambla. Autohupen, Vogelgezwitscher und Blumenduft; Hausfrauen, hastende Angestellte mit gestresster Miene, Straßenmusiker, Kulturinteressierte, Opernbesucher, Touristen, Obdachlose, Prostituierte, Kartenleger, Taschendiebe (geben Sie besonders Acht im Gedränge!) – die Rambla ist Bühne und Zuschauerraum zugleich. Zu beiden Seiten des baumbestandenen Flanierstreifens mit seinen Porträtmalern, Zeitungs-, Blumen- und Vogelverkäufern herrscht Verkehrschaos, durch das Ober mit akrobatischer Geschicklichkeit Tabletts balancieren. Auf der Rambla wird gearbeitet, geschaut, gehetzt, geschlendert, gekauft, geklaut, gedealt, geflirtet, werden Kunstausstellungen organisiert, Touristen geneppt und die Siege des F. C. Barcelona bejubelt. Historische Gebäude stehen neben heruntergekommenen Hotels und luxuriösen Herbergen, modernistische Palais und Jugendstilläden neben geschmacklosen Fastfoodlokalen und kitschigen Souvenirshops.

Angelegt in einem ausgetrockneten Flussbett, bis zum 18. Jh. außerhalb der Stadtmauern gelegen, standen hier einst Klöster und Schulen. Erst im 19. Jh. wurde die Rambla zum Prachtboulevard, auf dem Barcelonas aufstrebende Bourgeoisie lebte und flanierte. Hier beschossen sich die Bürgerkriegsparteien, Anarchisten legten Bomben, Aristokraten gingen ins Opernhaus Liceu und danach in die Meublés am unteren Ende der Rambla – wo übrigens noch heute Prostitution und Kleinkriminalität blühen.

Die Promenade spiegelt wunderbar die gegensätzlichen Charakterzüge, die das Wesen der Katalanen bestimmen, *seny* und *rauxa:* Während im oberen Teil (von der Plaça de Catalunya aus gesehen in Richtung Hafen) eher praktischer Verstand *(seny)* dominiert, setzt sich am unteren Abschnitt (von der Plaça del Teatre aus in Richtung Hafen) die *rauxa* durch, die ungezügelte Leidenschaft.

37

MUSEEN

Picasso, Parfüms, romanische Fresken

Barcelonas breit gefächerte Museumslandschaft lockt mit Klassikern und Skurrilem

Barcelonas Museen sind so abwechslungsreich, dass selbst Regentage durchaus ihren Reiz haben. Das Angebot reicht von zeitgenössischer Kunst bis zur makabren Leichenwagensammlung, von romanischen Fresken bis zu den Fußballtrophäen des F. C. Barcelona.

Was Präsentation und Unterbringung des teilweise bedeutenden Ausstellungsguts betrifft, bekommt die Stadt die Defizite der Vergangenheit allmählich besser in den Griff. Die 1985 begonnene Generalüberholung der städtischen Museen macht Fortschritte, die über 50 Museen und Sammlungen sind bis auf Ausnahmen wieder vollständig geöffnet. Achtung: Montags und sonntagnachmittags sind viele Museen geschlossen!

Im Juli und August öffnen etliche Museen auch in den weniger heißen Abendstunden. Dann kommen die Besucher nicht nur in den Genuss besonderer Führungen, sondern mitunter auch in den eines erfrischenden Drinks. *Infos im Palau de la Virreina, Rambla 99, Tel. 933 01 77 75, www.bcn.es./icub und an den Aus-*

Avantgardistisch ist der Bau von Richard Meier: das Museum für Zeitgenössische Kunst

kunftsstellen des Fremdenverkehrsamts, www.barcelonaturisme.com

Caixa Forum [121 D2]
Die Stiftung La Caixa besitzt eine der bedeutendsten Sammlungen zeitgenössischer Kunst Europas. Über 800 Werke der Gegenwartskunst (von Joseph Beuys über Julian Schnabel bis Sue Williams oder Juan Uslé) haben einen angemessenen Ausstellungsort gefunden: das 2002 eröffnete Kunst- und Kulturzentrum in der spektakulär restaurierten Textilfabrik *Casaramona*, einem imposanten Bau des Jugendstilarchitekten Josep Puig i Cadafalch. Interessante Wechselausstellungen und Kulturveranstaltungen. *Di–So 10 bis 20 Uhr, Eintritt frei, Av. Marquès de Comillas, 6–8, www.fundacio.la caixa.es, Metro: Espanya (L1, L3)*

Centre de Cultura Contemporània (Zentrum für Zeitgenössische Kultur) [110 B2]
★ Das 1994 eröffnete städtische Kulturzentrum, durch einen Innenhof verbunden mit dem Museum für Zeitgenössische Kunst, ist ein Muss, will man den aktuellen Kulturströmungen Barcelonas auf die Spur kommen. Neben internationalen Multimediaausstellungen fin-

39

MUSEEN

Fundació Tàpies: Auch junge Besucher sind durchaus beeindruckt

den hier auch alternative und avantgardistische Initiativen ein Forum. Thematische Achse, um die Ausstellungen, Konzerte, Tanz, Performances, Foto, Videoart kreisen, ist die Stadt. Faszinierend ist das Zusammenspiel alter und neuer Architektur: Fassade und Innenhof, Reste eines Waisenhauses (1802), wurden durch eine großflächige Glaskonstruktion zu einem einzigartigen Ensemble ergänzt. *Mitte Juni–Mitte Sept. Di–Sa 11–20 Uhr, So 11–15 Uhr, Mitte Sept.–Mitte Juni Di, Do, Fr 11–14 Uhr und 16–20 Uhr, Mi und Sa 11–20 Uhr, So 11–19 Uhr, Eintritt 6 Euro, Montalegre, 5, www.cccb.org, Metro: Universitat (L1, L2)*

CosmoCaixa (Wissenschaftsmuseum) [113 F3]

Nach mehrjährigen Erweiterungsarbeiten ist das neue interaktive Wissenschaftsmuseum eines der größten, modernsten und innovativsten seiner Art in Europa. Wissenschaft soll hier experimentell erfahren und erfühlt werden, von der Entstehung der Materie und des Lebens bis hin zum Verständnis aktueller Ökosysteme. Im nachgebauten Amazonasdschungel etwa prasseln tropische Regenfälle auf Krokodile und andere typische Fauna und Flora. Für Kinder besonders geeignet. *Di bis So 10–20 Uhr, Eintritt 3 Euro, Teodor Roviralta, 55, www.fundacio.lacaixa.es, mit der Vorortbahn FGC bis Avinguda Tibidabo, dann mit Tramvía Blau oder zu Fuß*

Fundació Francisco Godia (Stiftung Francisco Godia) [116 C6]

Dass der Unternehmer Francisco Godia (1921–90) nicht nur leidenschaftlicher Rennfahrer war, sondern auch ein begabter Kunstsammler, beweisen die Exponate des Museums. Besonders interessant ist die Epoche des Mittelalters: Malerei, Skulpturen, Schnitzereien, Keramik. *Sept.–Juni Mi–Mo 10–20 Uhr, Juli Mo–Sa 10–14 und 16–19, So 10–14 Uhr, Eintritt 4,50 Euro, Valencia, 284, www.fundacionfgodia.org, Metro: Passeig de Gràcia (L2, L3, L4)*

Fundació Joan Miró (Stiftung Joan Miró) [121 D–E4]

★ Der Künstler selbst rief die Stiftung 1975 ins Leben. Sein Freund

MUSEEN

Josep Lluís Sert, einer der bedeutenden spanischen Architekten der Moderne, entwarf das einmalig schöne Museum auf dem Montjuïc. Eine offene, lichtdurchflutete, sehr mediterrane Konstruktion mit Patios und Terrassen, in harmonischer Beziehung zur Landschaft – der ideale Rahmen, um die Werke Joan Mirós zur Geltung zu bringen. Ein Überblick über das Schaffen des großen katalanischen Avantgardisten: von ersten Zeichnungen aus dem Jahr 1901 bis zu den letzten Monumentalgemälden. Grafiken, Wandteppiche, Keramiken, Skulpturen. Dazu wechselnde Ausstellungen moderner und zeitgenössischer Kunst. Auch Büchershop und Cafeteria sind absolut empfehlenswert! *Juli–Sept. Di–Sa 10–20 Uhr, Okt.–Juni Di–Sa 10–19 Uhr, Do ganzjährig bis 21.30 Uhr, So ganzjährig 10–14.30 Uhr, Eintritt 7,50 Euro, Parc de Montjuïc, www.bcn.fjmiro.es, Metro: Paral·lel (L2, L3), umsteigen in die Drahtseilbahn zum Montjuïc, oder Espanya (L1, L3), weiter zu Fuß oder per Bus Linien 50 und 55*

Fundació Tàpies (Stiftung Tàpies)   [116 C6]

Antoni Tàpies, bedeutendster zeitgenössischer Künstler Kataloniens, eröffnete 1990 sein eigenes Museum. Das von Jugendstilarchitekt Domènech i Montaner errichtete Gebäude beherbergt eine der weltweit umfassendsten Sammlungen von Tàpies-Werken. Auch wechselnde Ausstellungen mit internationalen, oft hochaktuellen Künstlern. *Di–So 10–20 Uhr, Eintritt 4,20 Euro, Aragó, 255, www.fundaciotapies.org, Metro: Passeig de Gràcia (L2, L3, L4)*

Museu d'Art Contemporani (Museum für Zeitgenössische Kunst)   [110 B2]

Das avantgardistische Gebäude (1995) stammt von Amerikas Star-

---

MARCO POLO Highlights
»Museen«

★ **Museu Frederic Marès**
»Sentimentales Museum« und eine der bedeutenden Skulpturensammlungen Spaniens (Seite 44)

★ **Fundació Joan Miró**
Mirós Werke, einmalig in mediterranes Licht gerückt (Seite 40)

★ **Museu d'Art de Catalunya**
Weltweit einzigartige romanische Kunstschätze (Seite 42)

★ **Museu Picasso**
Die mitunter überraschenden Anfänge des modernen Meisters (Seite 45)

★ **Centre de Cultura Contemporània**
Am Puls der zeitgenössischen Stadtkultur (Seite 39)

★ **Museu d'Història de la Ciutat**
Abstieg in die Katakomben katalanischer Geschichte (Seite 44)

MUSEEN

Der F. C. Barcelona

Mehr als ein Fußballverein

Wenn der F. C. Barcelona gegen seinen Erzrivalen Real Madrid antritt, steht der Gemütszustand der Katalanen auf dem Spiel: Nach einem Sieg fällt die ganze Stadt in orgiastischen Freudentaumel, nach einer Niederlage in kollektive Depression. Denn der *Barça* war immer mehr als ein Club: nämlich populäres Symbol katalanischen Selbstbewusstseins, vor allem gegenüber der ungeliebten Madrider Zentralmacht. Überhaupt ist der Barça einfach das Größte – weltweit mitgliederstärkster Fußballclub. Gegründet 1890, gehört er zu den ältesten Fußballclubs der Welt. Nicht zu vergessen das größte Fußballmuseum **[114 B3]**, untergebracht im Camp Nou, dem zweitgrößten Stadion der Welt. *Mo–Sa 10–18.30 Uhr, So 10–14.30 Uhr, Eintritt Museum 6,50 Euro, Museum und Stadion 10,50 Euro, Camp Nou, Eingang 9, Aristides Maillol, www.fcbarcelona.com, Metro: Collblanc (L5)*

architekt Richard Meier. Strahlend weiß, lichtdurchflutet, elegant, mediterran: Der Kontrast zu den teilweise immer noch düsteren Altstadtgassen des Raval ist kühne Absicht. Im Museum werden interessante Wechselausstellungen gezeigt. *25. Juni–Sept. Mo, Mi–Fr 11 bis 20 Uhr, Okt.–24. Juni Mo, Mi bis Fr 11–19.30 Uhr, Sa ganzjährig 10–20 Uhr, So ganzjährig 10–15 Uhr, Eintritt 7,50 Euro, Plaça dels Àngels, 1, www.macba.es, Metro: Universitat (L1, L2)*

Museu d'Art de Catalunya (Museum Katalanischer Kunst) [121 D3]

⭐ Kataloniens Kunst finden Sie seit Dezember 2004 komplett unter einem Dach! Die Sammlung romanischer Kunst gilt als einmalig in der Welt. Glanzpunkte sind die farbenprächtigen romanischen Fresken. Sie stammen aus den vom Verfall bedrohten Kirchen und Kapel-

len der katalanischen Pyrenäen und werden in originalgetreu nachgebauten Apsiden und Altarnischen präsentiert – was diese Meisterwerke der Schlichtheit noch eindringlicher zur Wirkung bringt. Beeindruckend auch die Sammlung gotischer Kunst. Dazu kommen die Bestände aus Renaissance und Barock, die katalanischen Modernisten des ausgehenden 19. und beginnenden 20. Jhs., die moderne und die zeitgenössische Kunst.

Zu sehen ist auch ein Teil der Privatsammlung Thyssen-Bornemisza: Sie gibt einen einzigartigen Überblick über die europäische Kunstgeschichte vom Mittelalter bis zum venezianischen Spätbarock. Für einen Besuch in dem Megamuseum sollten Sie mindestens drei Stunden kalkulieren. Unbedingt sehenswert! *Di–Sa 10–19 Uhr, So 10–14.30 Uhr, Eintritt 8,50 Euro inkl. Audioguide, www.mnac. es, Metro: Espanya (L1, L3)*

MUSEEN

Museu de Carrosses Fúnebres (Leichenwagenmuseum) [123 F3]

In den weitläufigen Kellergewölben des städtischen Bestattungsinstituts können Sie eine Reihe kurioser Karossen besichtigen, in denen Barcelonas Bürger seit dem 19. Jh. ihren letzten Weg gefahren wurden. Wirkungsvoll inszeniert! *Mo–Fr 10 bis 13 und 16–18 Uhr, Sa und So 10 bis 13 Uhr, Eintritt frei, Sancho de Ávila, 2, www.sfbsa.es, Metro: Marina (L1)*

Museu de Ceràmica (Keramikmuseum) [114 C1]

Das Museum liegt in den bezaubernden Gartenanlagen des Pedralbes-Schlösschens. Keramik von frühen arabischen Stücken aus der Zeit der Maurenherrschaft über Objekte von Picasso und Miró bis hin zu zeitgenössischen Stücken. *Di–Sa 10–18 Uhr, So 10–15 Uhr, Eintritt 3,50 Euro, Av. Diagonal, 686, www.museuceramica.bcn.es, Metro: Palau Reial (L3)*

Museu de Cera (Wachsfigurenmuseum) [110 C5]

Monarchen, Mörder und andere Vips: Trotz Inszenierung und Soundeffekten wirken die Wachsfiguren längst nicht so lebendig wie bei Madame Tussaud. *Mitte Juli bis Mitte Sept. tgl. 10–22 Uhr, Okt.–Juni Mo–Fr 10–13.30 und 16 –19.30, Sa und So 11–14 und 16.30–20.30 Uhr, Eintritt 6,65 Euro, Passatge de la Banca, 7, Metro: Drassanes (L3)*

Museu de la Xocolata (Schokoladenmuseum) [123 D3]

Hinter historischen Klostermauern präsentiert das Museum eine kleine Kulturgeschichte der Schokolade, von den Ursprüngen des Kakaos und seiner Ankunft in Europa im 16. Jh. bis in die heutige Zeit. *Mo–Sa 10–19 Uhr, So 10–15 Uhr, Eintritt 3,80 Euro, Commerç, 36, www.museudelaxocolata.com, Metro: Jaume I (L4)*

An der Kasse des Wachsfigurenmuseums

MUSEEN

Museu del Calçat (Schuhmuseum) [111 D4]

In dem historischen Gebäude können Sie besichtigen, was die Menschheit in den letzten 2000 Jahren an den Füßen trug. *Di–So 11–14 Uhr, Eintritt 2,50 Euro, Plaça Sant Felip Neri, Metro: Jaume I (L4)*

Museu del Perfum (Parfummuseum) [122 C1]

Parfumflakons, von vorgeschichtlichen Funden und griechischen Keramikfläschchen bis zur Moderne. *Mo–Fr 10.30–13.30 und 16.30–20 Uhr, Sa 11–14 Uhr, Eintritt 5 Euro, Passeig de Gràcia, 39, www.museudelperfum.com, Metro: Passeig de Gràcia (L2, L3, L4)*

Insider Tipp Museu dels Autòmates (Spielautomatenmuseum) [113 F1]

Spielautomaten aus dem 19. und 20. Jh.; Puppen, einst auf Europas Jahrmärkten bestaunt, durch eine Münze zu plötzlichem Leben erweckt. Die Sammlung gehört zu den schönsten weltweit und wird stimmungsvoll in einem alten Theater inszeniert. *Öffnungszeiten variieren, Eintritt wird mit dem Vergnügungspark Tibidabo gekoppelt, Tel. 932 11 79 42, www.tibidabo.es, FGC: Tibidabo, umsteigen in Tramvía Blau und Drahtseilbahn*

Museu d'Història de Catalunya (Museum für Katalanische Geschichte) [122 C5]

Erwarten Sie keine bedeutenden Museumsstücke – dafür wird hier die katalanische Geschichte von ihren Anfängen bis heute museumspädagogisch modern und multimedial präsentiert. *Di und Do–Sa 10 bis 19 Uhr, Mi 10–20 Uhr, So 10 bis 14.30, Eintritt 3 Euro, Palau de Mar,*

www.mhcat.net, Metro: Barceloneta (L4)

Museu d'Història de la Ciutat (Stadtgeschichtliches Museum) [111 D4]

★ Untergebracht in einem gotischen Palast, der 1931 von seinem ursprünglichen Platz abgetragen und an der Plaça del Rei wieder aufgebaut wurde. Bei den Ausschachtungsarbeiten stieß man auf Reste der römischen Vergangenheit Barcelonas, damals noch Barcino genannt: Kanalisation, Straße, Bäder, Mosaikböden sind in den Kellergewölben des Museums zu besichtigen. In den oberen Stockwerken Reste der römischen Stadtmauer, Exponate aus Mittelalter und Neuzeit. *Juni–Sept. Di–Sa 10–20 Uhr, So 10–15 Uhr, Okt.–Mai Di–Sa 10–14 und 16–20 Uhr, So 10–15 Uhr, Eintritt 4 Euro, Plaça del Rei, www.museuhistoria.bcn.es, Metro: Jaume I (L4)*

Museu Frederic Marès [111 D4]

★ Der Bildhauer Frederic Marès (1893–1991) war ein leidenschaftlicher Reisender und Kunstsammler. Was er zusammengetragen hat, lässt sich in diesem mittelalterlichen Gebäude an der Plaça del Rei bewundern. Die Skulpturenabteilung mit Werken aus Römerzeit, Romantik, Gotik, Renaissance und Barock bietet eine der umfassendsten Sammlungen Spaniens. In den oberen Etagen befindet sich das *Sentimentale Museum*, ein Sammelsurium von Alltagsgegenständen vom 15. Jh. bis in die Gegenwart. *Di–Sa 10–19 Uhr, So 10–15 Uhr, Eintritt 3 Euro, Plaça Sant Iu, 5, www.museumares.bcn.es, Metro: Jaume I (L4)*

44

MUSEEN

Museu Gaudí
(Gaudí-Museum) [117 E1]

Das Wohnhaus Gaudís im Parc Güell, mit Erinnerungsstücken und von ihm entworfenen Jugendstilmöbeln. Über Leben und Werk des großen, visionären Architekten erfahren Sie indes mehr im *Espai Gaudí* der *Casa Milà*. *März–Sept. tgl. 9 bis 20 Uhr, Okt.–Feb. tgl. 9–18 Uhr, Eintritt 4 Euro, Parc Güell, Carretera Carmel, Metro: Lesseps (L3), Alfonso X (L4)*

Museu Marítim
(Schifffahrtsmuseum) [110 B6]

Untergebracht in den *Drassanes*, einer der größten und schönsten mittelalterlichen Schiffswerften weltweit. Errichtet im 13. und 14. Jh., konnten in der Anlage bis zu 30 Schiffe gleichzeitig gezimmert werden. Imposante Nachbauten bedeutender Schiffe, z. T. in Originalgröße. *Tgl. 10–19 Uhr, Eintritt 6 Euro, Av. Drassanes, 1, www.diba.es/mmaritim, Metro: Drassanes (L3)*

Insider Tipp
Museu-Monestir
Pedralbes [112 A4]

Der Klosterkomplex ist ein Juwel gotischer Baukunst. Mittelalterliches Mobiliar, Malerei, Skulpturen. Bezaubernder Kreuzgang mit Wandmalereien. *Okt.–Mai Di–Sa 10–14, So 10–15 Uhr, Juni–Sept. 10–17, So 10–15 Uhr, Eintritt 4 Euro, Baixada Monestir, 9, www.museohistoria. bcn.es, FGC: Reina Elisenda*

Museu Picasso
(Picasso-Museum) [111 E4]

★ Das meistbesuchte Museum der Stadt zeigt vor allem – aber keineswegs nur – die Werke aus der frühen Schaffensphase Picassos, der »Blauen Periode«, die mit seinen Jahren in Barcelona zusammenfällt. Von 1895 bis 1904 lebte der Maler in der katalanischen Metropole, war Teil der künstlerischen Avantgarde und Boheme, fand erste Anerkennung. Sein Leben lang fühlte er sich Barcelona verbunden, selbst im französischen Exil während der Franco-Diktatur. Seit den 30er-Jahren vermachte Picasso der Stadt Bilder, darunter seinen berühmten »Harlekin«. Aber erst 1963 kamen die verstreuten Werke unter ein Museumsdach: auf Initiative des Picasso-Freundes und -Sekretärs Jaume Sabartés, der außerdem seine umfassende Privatsammlung stiftete. Zunächst untergebracht in einem gotischen Palais der Carrer Montcada, erstreckt sich das Museum heute über fünf prachtvolle Paläste. Die Sammlung wurde nach und nach komplettiert: Picasso schenkte dem Museum seine berühmte »Menina«-Serie und sämtliche Frühwerke aus dem Wohnhaus der Familie in Barcelona; seine Witwe Jacqueline gab 1981 wertvolle Keramiken dazu. Inzwischen ist das Museum neben dem in Paris die bedeutendste öffentliche Picasso-Sammlung. *Di–So 10–20 Uhr, Eintritt 6 Euro, Montcada, 15, www.museupicasso.bcn.es, Metro: Jaume I (L4)*

Museu Tèxtil i d'Indumentària
(Textilmuseum) [111 E4]

Historische Stoffe und Kleidungsstücke vom 4. Jh. zu aktuellen Kollektionen. Untergebracht in einem der gotischen Paläste der Carrer Montcada, mit wunderschönem Patio und Café. *Di–Sa 10–18 Uhr, So 10–15 Uhr, Eintritt 3,60 Euro, Montcada, 12, www.museutextil. bcn.es, Metro: Jaume I (L4)*

45

ESSEN & TRINKEN

Gaumenfreuden und Geselligkeit

Die Katalanen sind groß im Genießen und im kulinarischen Kombinieren

Wer sich die kulinarischen Genüsse Kataloniens auf der Zunge zergehen lässt, kommt nicht nur auf den Geschmack, sondern auch Land und Leuten auf die Spur. Im Essen spiegelt sich der widersprüchliche Charakter der Katalanen, stets schwankend zwischen *seny* und *rauxa,* zwischen ausgleichender Vernunft und eruptiver Phantasie. »Erschmecken« Sie also Land und Leute: in seltsam-köstlichen Kombinationen von süß und pikant, von Fisch und Fleisch, die auf Katalanisch *mar i muntanya* heißen, Meer und Berg. Da bilden nicht nur Kontraste ein harmonisches Ganzes, da spiegelt sich auch die reizvolle Vielfalt der katalanischen Landschaft: raue Bergwelt, saftige Täler, die bald felsig-schroffe, bald sanfte Mittelmeerküste. Deftige Eintöpfe und Spezialitäten aus Wurst, Wild, Waldpilzen, Lamm oder Hülsenfrüchten stammen eher aus dem Hinterland. Die Speisen der Küstenregion sind leichter, vor allem durch das Angebot an frischem Fisch und Meeresfrüchten.

Das Talent, aus einfachen Zutaten phantasievolle Gerichte zu zaubern, ist ein Merkmal der katalanischen Küche – neben der baskischen gilt sie als beste Spaniens.

Vergeuden Sie Ihre Zeit also nicht in einem der vielen Fastfoodlokale. Preisgünstig essen können Sie besser anderswo. In unzähligen Lokalen und Bars der Stadt gibt es täglich ein billiges Mittagsmenü, das *menú del día:* Vorspeise, Hauptgang und Nachtisch bekommen Sie schon ab 8 Euro, oft einschließlich eines Getränks. Auch Cafés bieten mitunter günstigen Mittagstisch.

Katalonien ist ein Weinland. Das bedeutendste Anbaugebiet liegt südlich von Barcelona im Penedès, mit Sant Sadurní d'Anoia als Sekthochburg (ein Ausflug lohnt sich!). Vor allem die leichten, fruchtigen Weißweine des Penedès sind zu empfehlen. Die besten katalanischen Rotweine kommen aus dem Priorat; dunkel, dicht und aromatisch sind sie; einige gehören zur Weltspitze.

Nach dem Essen bestellt man *cafè i copes,* Kaffee und ein Gläschen Kognak, Schnaps oder Likör. Die Katalanen sitzen gern nach Tisch weiter zusammen: *sobretaula* heißt dieser Brauch. Das Essen dient nicht nur zur Nahrungsaufnahme, sondern ist auch Begegnung, Kommunikation, gemeinsames Genießen.

Café, Bar, Taverne oder Restaurant – die Auswahl ist riesig

CAFÉS, BARS & GRANGES

Granja Viader – die Traditionsadresse für Käsekuchen und Zimtmilch

Die Katalanen essen spät: abends ab etwa 21 Uhr, mittags nicht vor 14 Uhr – jeweils warm, mit zwei Gängen und Dessert. Dafür fällt das Frühstück bescheiden aus: meist Milchkaffee und *croissant,* Hörnchen, hastig eingenommen in einer der *bars,* die es in Barcelona an jeder Ecke gibt.

Diese *bars* dienen je nach Tageszeit als Café, Imbiss, Restaurant, Kneipe. Hier verabredet man sich mit Freunden, Verwandten oder Nachbarn auf einen Kaffee oder ein Bier – kurzum: Die *bars* sind so etwas wie große Wohnzimmer, in denen sich ein Teil des Alltagslebens abspielt. Hier bekommen Sie meist auch ein paar Tapas, die kleinen Appetithappen, falls Ihnen die Zeit bis zur nächsten Mahlzeit zu lang wird.

Denken Sie daran, dass es in Spanien nicht üblich ist, sich zu anderen an den Tisch zu setzen – selbst wenn noch Plätze frei sind. Auch getrennte Rechnungen sind unüblich. In vielen Restaurants ist Reservierung zu empfehlen, vor allem freitags und samstags! An Sonn- und Feiertagen schließen viele Lokale, vor allem aber im Juli und August (für ein bis drei Wochen). In dieser Zeit in jedem Fall vorher anrufen! Die meisten Restaurants haben mittags von ca. 13 bis 16 Uhr und abends von ca. 21 bis 24 Uhr geöffnet. Viele populäre Lokale liegen in der Altstadt: Nehmen Sie vor allem abends lieber ein Taxi!

CAFÉS, BARS & GRANGES

Granges heißen die traditionellen Milchbars, in denen Sie heiße Schokolade, Kaffee und frisches Gebäck bekommen. Die Cafés sind oft von morgens bis spätabends geöffnet und bieten auch herzhafte Kleinigkeiten an.

Bar del Pi [110 C4]

Mischung aus klassischem Kaffeehaus und Bohemebar mit modernis-

ESSEN & TRINKEN

tischem Interieur und Terrasse an einem bezaubernden Altstadtplatz. *Tgl., Plaça de Sant Josep Oriol, 1, Metro: Liceu (L3)*

Café de l'Ópera [110 C4]
Barcelonas historisches Operncafé ist ein Treffpunkt für Einheimische, Opernfreunde, Touristen und Taschendiebe. Eingerichtet im Jugendstil mit Originalspiegeln, liegt es gegenüber dem Liceu und mit einer Terrasse zur Rambla. *Tgl., Rambla, 74, Metro: Liceu (L3)*

Cafè d'Estiu [111 D4]
Stimmungsvolle Stärkung im Garten des gotischen Königspalastes. *April–Sept., tgl., Plaça Sant Iu, 5 (im Museum Frederic Marès), Metro: Jaume I (L4)*

Granja Viader [110 C3]
Insider Tipp

Barcelonas älteste Milchbar, mit Marmortischen, köstlichem Käsekuchen und *orxata* (Zimtmilch). *Mo vormittags und So geschl., Xuclà, 4, Metro: Liceu (L3)*

Mauri [116 B5]
Köstlicher Kuchen, exklusive Canapés, Rokokodekoration: Das Mauri ist seit 1870 eine Institution. *So 15–17 Uhr geschl., Rambla de Catalunya, 102, Metro: Diagonal (L3, L5)*

Mesón del Café [111 D4]
Insider Tipp

Winzig klein, urig und meist gerappelt voll. Mit der ältesten Kaffeemaschine der Stadt. *So geschl., Llibreteria, 16, Metro: Jaume I (L4)*

Schilling [110 C4]
Modernes Kaffeehaus mit künstlerischem Ambiente. Gemütlich, mitunter etwas laut. *So vormittags und Aug. tgl. bis 17 Uhr geschl., Ferrán 23, Metro: Liceu (L3)*

Textil-Café [111 E4]
Insider Tipp

Zauberhaftes Café im mittelalterlichen Patio des Textilmuseums. Serviert werden Kuchen und kleine Gerichte. Auch Mittagsmenü. *Mo geschl., Montcada, 12–14, Metro: Jaume I (L4)*

MARCO POLO Highlights
»Essen & Trinken«

★ **Neichel**
Meister mediterraner Kochkunst (Seite 50)

★ **Casa Leopoldo**
Eine gastronomische und soziale Institution (Seite 52)

★ **Gaig**
Katalanische Haute Cuisine mit aktuellen Akzenten (Seite 50)

★ **Hofmann**
Hier lernen Barcelonas Spitzenköche ihr Handwerk (Seite 52)

★ **Cal Pep**
Traumhafte Fisch-Tapas (Seite 53)

★ **Pinotxo**
Kulinarischer Treffpunkt in der Boqueria-Markthalle (Seite 56)

Die Gourmettempel von Barcelona

Gaig [116 B6]
★ Eine der besten Adressen für Feinschmecker! Der mit Michelinstern gekrönte Spitzenkoch Carles Gaig verbindet die über hundertjährige Familientradition seines Hauses mit aktueller Haute Cuisine. Seine brillanten und innovativen Variationen katalanischer Küche machen ein Essen zum kulinarischen Erlebnis. Exzellente Weinkarte und Zigarrenauswahl. *Menü ab 75 Euro, Mo mittags und So geschl., Aragó, 214 (im Hotel Cram), Tel. 934 29 10 17, Metro: Passeig de Gràcia (L2, L3, L4)*

Neichel [114 C2]
★ Mekka für ambitionierte Feinschmecker. Unabhängig von gastronomischen Moden bietet der aus dem Elsass stammende Meisterkoch Jean Louis Neichel mit Michelinsternen gekrönte Autorenküche. Eine glückliche Verbindung von mediterraner Kochkunst, kulinarischer Phantasie und höchstem Raffinement. Exzellente Weinkarte und Käseauswahl. *Menü ab 69 Euro, So und Mo geschl., Beltrán i Rózpide, 16, Tel. 932 03 84 08, Metro: María Cristina (L3)*

El Racó d'En Freixa [116 B2]
Mit einem Michelinstern gekrönte Schule mediterraner Kochkunst, exquisit und innovativ. Exzellente Auswahl an spanischen Käsesorten und Weinen. Kreative Dessertkarte. *Menü ab 66 Euro, So und Mo geschl., Sant Elíes, 22, Tel. 932 09 75 59, FGC: Plaça Molina*

Via Veneto [115 F3]
Luxuriöses Restaurant mit klassischem Dekor. Seit mehr als 30 Jahren ist es preisgekröntes Pilgerziel eingeschworener Gourmets. Die in der katalanischen Tradition verankerte Haute Cuisine wurde hier stets weiterentwickelt und perfektioniert. *Menü ab 70 Euro, Sa mittags und So geschl., Ganduxer, 10, Tel. 932 00 72 44, Bus: Av. Diagonal – Av. Sarrià (6, 7, 33, 34, 67, 68)*

Xocoa [110 C3–4]
Süße Versuchung: Gebäck, Torten und Pralinen dieser exquisiten *xocolatería* überzeugen seit über 100 Jahren. *Tgl., Petritxol, 11, Metro: Liceu (L3)*

TAVERNEN & BODEGAS

Mischung aus Kneipe und Weinkeller, in denen es auch etwas zu essen gibt. Meist von mittags bis spätabends geöffnet.

Can Margarit [121 E3]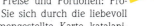
Urige Taverne in einem ehemaligen Pferdestall. Einfache Gerichte, tolle Stimmung, meistens sehr voll. *Mo bis Sa 21–23.30 Uhr, Concòrdia, 21, Tel. 934 41 67 23, Metro: Poble Sec (L3)*

Origens 99.9% [111 E5]
Kleine Preise und Portionen: Probieren Sie sich durch die liebevoll zusammengestellte Karte katalanischer Spezialitäten. Die typischen

ESSEN & TRINKEN

Produkte können Sie im zugehörigen Laden kaufen. Alternatives Ambiente, rustikal-modern in mittelalterlichen Mauern. *Mi geschl., Vidriera, 6–8, Tel. 933 10 75 31, Metro: Jaume I (L4)*

El Portaló [110 C4]
Volkstümliche Taverne im Gotischen Viertel, seit 1860 populär. Authentisches Ambiente. *So geschl., Banys Nous, 20, Metro: Liceu (L3)*

Els Quatre Gats [111 D3]
Legendäres Künstlerlokal, in dem Picasso und die katalanische Boheme verkehrten. Bar und Restaurant – für den kleinen Hunger. *Tgl., Aug. geschl., Montsió, 5, Tel. 933 02 41 40, Metro: Catalunya (L1, L3)*

Sagardi–Euskal Taberna [111 E5]
Am meterlangen Tresen werden appetitliche baskische Tapas präsentiert. Auch der Wein ist einfach, aber gut. *Tgl., Argenteria, 62, Metro: Jaume I (L4)*

La Vinya del Senyor [111 E5]
Weinstube an einem besonders schönen mittelalterlichen Platz. Riesenauswahl an erstklassigen, sachkundig servierten Weinen und katalanischem Sekt *(cavas). Mo geschl., Plaça Santa María, 5, Metro: Jaume I (L4)*

El Xampanyet [111 E5]
In der rustikalen Champagnerbar bekommen Sie *cavas,* Weine und leckere Tapas. Eine Institution, aber oft rappelvoll. *So und Mo sowie Aug. geschl., Montcada, 22, Tel. 933 19 70 03, Metro: Jaume I (L4)*

RESTAURANTS €€€

Abac [111 E5]
Mit Michelinstern ausgezeichnete mediterrane Autorenküche des Chefs Xavier Pellicer: gewagte Kontraste, kreative Kombinationen, die bei allem Raffinement nicht den vertrauten Geschmack der Produkte verdecken. Für neugierige Feinschmecker! *Mo mittags und So geschl., Rec, 79–89, Tel. 933 19 66 00, Metro: Jaume I (L4)*

Botafumeiro [116 C4]
Traditionsreiche galicische Küche: ein Mekka für Liebhaber von Fisch- und Schaltierspezialitäten. Weniger beeindruckend sind Präsentation und Service. Die Probierrationen an der Theke sind aber sehr empfehlenswert! *Tgl., Gran de Gràcia, 81, Tel. 932 18 42 30, Metro: Fontana (L3)*

Ca L'Isidre [110 A4]
Marktfrische katalanische Küche auf höchstem Niveau. Klassische Gerichte phantasievoll verfeinert. Exquisiter Weinkeller. Von prominenten Feinschmeckern aus Kultur und Politik geschätzt – unter ihnen König Juan Carlos. *So geschl., Les Flors, 12, Tel. 934 41 11 39, Metro: Paral·lel (L3)*

Can Majó [122 C6]
Am Strand der Barceloneta mit schöner Terrasse. Bekannt für seine Fisch-, Reis- und Schaltiergerichte. *So abends und Mo geschl., Admirall Aixada, 23, Tel. 932 21 54 55, Metro: Barceloneta (L4)*

Can Solé [123 D6]
Das Traditionsrestaurant in der Barceloneta ist stadtbekannt für seine

RESTAURANTS €€

Fischgerichte und Paellas. Hier essen Künstler und Politiker ebenso gern wie Familien aus der Nachbarschaft. *So abends und Mo geschl., Sant Carles, 4, Tel. 932 21 50 12, Metro: Barceloneta (L4)*

Casa Leopoldo   [110 B4]
★ Seit der Weltausstellung 1929 ist dieses Restaurant eine Institution, gleichermaßen beliebt bei Nachbarn und Intellektuellen. Gemütlich-rustikales Ambiente. Traditionelle katalanische Küche, marktfrisch, zuverlässig gut. Achtung: Liegt in einer düsteren Gasse des Barri Xino, nehmen Sie lieber ein Taxi! *So abends und Mo geschl., Sant Rafael, 24, Tel. 934 41 30 14, Metro: Paral·lel (L3)*

Comerç 24   [111 F4]
Für Liebhaber avantgardistischer Delikatessen: Chefkoch Carles Abellán arbeitete viele Jahre mit dem legendären Ferrán Adrià zusammen. Das merkt man seinen raffinierten Tapas-Kreationen auch an! *So geschl., Comerç, 24, Tel. 933 19 21 02, Metro: Jaume I (L4)*

Hofmann   [111 E5]
★ Aus May Hofmanns Schule der hohen Kochkunst gingen schon viele berühmte Chefs de Cuisine hervor. Erlesene Speisekarte mit Gerichten, die durch Phantasie, Raffinement und Präsentation überzeugen. *Sa, So und Feiertage geschl., Argenteria, 74, Tel. 933 19 58 89, Metro: Jaume I (L4)*

Moo   [116 C5]
Jüngste Errungenschaft der mit zwei Michelinsternen gekrönten Brüder Roca, die eines der besten spanischen Restaurants in Girona führen.

Phantasievolle Autorenküche, auch in halben Portionen serviert. Elegantes, ultraschickes Design, Bambusbäume, ein Hauch von Zen. *So geschl., Rosseló, 265 (in der Lobby des Hotels Omm), Tel. 93 44 54 00, Metro: Diagonal (L3, L5)*

Roig Robí   [116 C5] *Inside Tipp*
Schlichte Eleganz, erlesene katalanische Küche, zuverlässig gut. Besonders zu empfehlen sind die Fisch- und Reisgerichte. Exzellente Weine. Terrasse und Wintergarten. Haute Cuisine zum Wohlfühlen! *Sa mittags und So geschl., Séneca, 20, Tel. 932 18 92 22, Metro: Diagonal (L3, L5)*

Saüc   [116 A4]
Der junge, bereits mehrfach preisgekrönte Chef Xavier Franco macht zurzeit Furore mit seinen zeitgenössischen Versionen katalanischer Rezepte – kreative Autorenküche, die die Tradition nicht verleugnet. Freundliches Ambiente. *So und Mo geschl., Ptge Lluís Pellicer, 12, Tel. 933 21 01 89, Metro: Diagonal (L3, L5)*

Tragaluz   [116 C5]
Sehenswertes, preisgekröntes Interieur, an dem Stardesigner Mariscal beteiligt war. Moderne mediterrane Küche. *Tgl., Passatge de la Concepció, 5, Tel. 934 87 01 96, Metro: Diagonal (L3, L5)*

RESTAURANTS €€

Agut   [111 D5]
Altstadtlokal aus den 1920er-Jahren, mit Bohemeflair und familiärem Ambiente. *So abends und Mo geschl., Carrer d'en Gignàs, 16, Tel. 933 15 17 09, Metro: Jaume I (L4)*

ESSEN & TRINKEN

Tragaluz: im preisgekrönten Interieur mediterrane Küche genießen

Bestial [123 E5]
🔖 Vor allem seine große und schöne Terrasse mit Meeresblick macht dieses Strandbistro zum heißen Tipp für Sommernächte. Italienische Küche. *Tgl., Ramón Trias Fargas, 2–4, Tel. 932 24 04 07, Metro: Ciutadella (L4)*

Brasserie Flo [111 E2]
Das modernistisch dekorierte, sehr große Lokal erinnert tatsächlich an eine Pariser Brasserie. Katalanische Küche mit französischem Einschlag, z. B. Austern aus Galizien und Frankreich. *Tgl., Jonqueres, 10, Tel. 933 19 31 02, Metro: Urquinaona (L1, L4)*

Café de l'Acadèmia [111 D4]
Kleines Caférestaurant in historischen Mauern, liebevoll restauriert. Sommertipp: mittags schattig, abends Tische mit Kerzenlicht auf dem mittelalterlichen Platz Sant Just. Katalanisch-mediterrane Küche. *Sa und So geschl., Lledó, 1, Tel. 933 19 82 53, Metro: Jaume I (L4)*

Cal Pep [111 E5]
★ Fisch und Meeresfrüchte gibt es am gefragten Tresen dieses meist sehr vollen Lokals. Alles wird frisch vor Ihren Augen zubereitet. Für das urgemütliche Restaurant im hinteren Raum sollten Sie unbedingt vorbestellen! *Mo mittags und So geschl., Plaça de les Olles, 49, Tel. 933 10 79 61, Metro: Barceloneta (L4)*

Cuines Santa Caterina [111 E3]
An den Ständen der originell renovierten Markthalle können Sie früh-

53

Katalanische Spezialitäten

Lassen Sie sich diese Köstlichkeiten gut schmecken!

Allioli – feine Olivenölmayonnaise mit Knoblauch. Zu Fisch- und Reisgerichten oder gegrilltem Fleisch

Amanida catalana – Salat mit *embotits,* den berühmten geräucherten Wurstwaren Kataloniens

Arròs negre – Reis mit Tintenfisch samt Tinte, die dem Gericht seine schwarze Farbe und das besondere Aroma gibt

Bacallà – der Stockfisch wird nach verschiedenen Rezepten zubereitet: *a la samfaina* etwa (mit Tomaten, Paprika, Auberginen), mit Chili und Knoblauch *(al pil-pil)* oder mit Honig

Botifarra amb mongetes – traditionelles Gericht aus gegrillter Wurst und weißen Bohnen

Canelones a la catalana – Cannelloni auf katalanische Art, gefüllt mit Hackfleisch, Hühnerbrust und -leber, überbacken mit Béchamelsoße

Cava – der katalanische Sekt, traditionell in Flaschen gegoren, braucht den Vergleich mit Champagner nicht zu scheuen. Cava wird bei besonderen Anlässen auch zum Essen serviert

Crema catalana – Eiercremesüßspeise, überzogen mit einer Schicht aus karamellisiertem Zucker

Escalivada – kalte Vorspeise aus gegrillten Paprika und Auberginen in Olivenöl

Espinacs a la catalana – Vorspeise aus Spinat (oder Mangold) mit Rosinen und Pinienkernen

Esqueixada – beliebte Vorspeise aus rohem Stockfisch, frischen Tomaten, Zwiebeln, Paprika und schwarzen Oliven

Fideuà – Nudelpaella mit Seeteufel, Tintenfisch, Garnelen, Muscheln, im Ofen überbacken

Llagosta i pollastre – Huhn mit Languste, in Tomaten-Haselnuss-Soße oder mit Mandeln, Schokolade, Safran und Knoblauch

Mel i mató – Dessert aus Ziegenfrischkäse mit Honig

Pa amb tomàquet – Brot, mit Knoblauch und Tomate eingerieben und mit Olivenöl beträufelt. Vorspeise. Für Katalanen Nationalgericht, Philosophie und Passion

Rape a la marinera – Seeteufel in einer Soße aus Weißwein, Mandeln, Knoblauch und Chilischote, mit Garnelen und Kaisergranat

Suquet de peix – katalanischer Fischsuppentopf, meist aus Seeteufel, Goldbrasse, Tintenfisch und Meeresfrüchten

ESSEN & TRINKEN

stücken, Tapas schlemmen, Säfte schlürfen, traditionelle oder kreative Tellergerichte bestellen, mediterran, asiatisch oder vegetarisch essen. Alles frisch vom Markt, vor Ihren Augen zubereitet. Lockeres Ambiente. *Tgl., Mercat de Santa Caterina, Av. Francesc Cambó, 16, Tel. 932 68 99 18, Metro: Jaume I (L4)*

Espai Sucre [111 F4]
Insider Tipp

In diesem ungewöhnlichen Restaurant bekommen Sie die schönsten Desserts. Sogar Menüs und Salate sind aus süßen Zutaten. Unbedingt eine Woche vorher reservieren! *Nur abends, So und Mo geschl., Princesa, 53, Tel. 932 68 16 30, www.espaisucre.com, Metro: Jaume I (L4)*

Limbo [122 C4]

Junge mediterrane Autorenküche, mit Talent, Phantasie und marktfrischen Zutaten zubereitet. Kleine, aber sehr feine wechselnde Speisekarte. Sympathischer Service. Modernes Design hinter historischen Mauern, behagliche Atmosphäre mit Kerzenlicht. *Tgl., Sa und So mittags geschl., Mercé, 13, Tel. 933 10 76 99, Metro: Drassanes (L3)*

Pitarra [111 D5]

Freundliches Altstadtlokal mit langer Familientradition. Deftige katalanische Gerichte in behaglicher Umgebung. *So geschl., Avinyó, 56, Tel. 933 01 16 47, Metro: Drassanes (L3)*

Salero [111 E5]

Der junge Chefkoch Carl Borg kreiert in dem weiß gestylten Inlokal eine gelungene Mischung aus mediterraner und japanischer Kochkultur. Mittagsmenü. *Tgl., Sa und So nur abends, Rec, 60, Tel. 933 19 80 22, Metro: Jaume I (L4)*

Santa Maria [111 F4]
Insider Tipp

Ein viel versprechendes Tapas-Restaurant in Barcelonas Ribera: Der junge Chef, der bereits beachtliche gastronomische Erfolge aufzuweisen hat, bietet Haute Cuisine ohne Luxusaufmachung zu angemessenen Preisen. Kosmopolitische Autorenküche, kreativ und frisch. *So und Mo geschl., Commerç, 17, Tel. 933 15 12 27, Metro: Jaume I (L4)*

Semproniana [116 B5]

Kein hübscher Trödelladen, wie man zunächst glauben mag, sondern ein originell gestaltetes Restaurant mit origineller katalanischer Küche. *So geschl., Rosselló, 148, Tel. 934 53 18 20, Metro: Diagonal (L3, L5)*

Set Portes [111 E5]

Eine gastronomische Institution. Gutbürgerliche katalanische Küche in behaglicher Altstadtatmosphäre, nur ein paar Schritte vom Hafen. Leider haben Qualität und Service unter dem Touristenstrom gelitten. *Tgl., Passeig Isabel II, 14, Tel. 933 19 30 33, Metro: Barceloneta (L4)*

La Venta [113 F3]
Insider Tipp

Auf den im Winter beheizten Terrassen dieses hübschen Gartenrestaurants genießen Sie nicht nur die mediterranen Gerichte, sondern auch das Panorama und die frische Luft des Tibidabo. Reservieren! *So geschl., Plaça Doctor Andreu, Tel. 932 12 64 55, Metro: Tibidabo, Endstation Tramvía Blau*

55

RESTAURANTS €

RESTAURANTS €

Agua [123 E6]

🌊🍴 Designrestaurant mit Blick aufs Mittelmeer. Auch die Gerichte sind mediterran und frisch. Schöne Strandterrasse. Unbedingt rechtzeitig reservieren! *Tgl., Passeig Marítim de la Barceloneta, 30, Tel. 932 25 12 72, Metro: Ciutadella (L4)*

Ánima [110 B3]

Modern und originell eingerichtet. Kreative, kosmopolitische Küche, frisch vor den Augen der Gäste zubereitet. Mittagsmenü. *So geschl., Àngels, 6, Tel. 933 42 49 12, Metro: Catalunya (L1, L3)*

L'Antic Forn [110 B–C3]

Familiäres Lokal, nur ein paar Schritte zur Rambla. Günstiges Mittagsmenü. Einfache, frische Küche. *So geschl., Pintor Fortuny, 28, Tel. 934 12 02 86, Metro: Catalunya (L1, L3)*

Ca L'Estevet [110 B2]

Rustikales, familiäres Lokal mit Künstlerambiente. Unkomplizierte katalanische Küche. *So geschl., Valldoncella, 49, Tel. 93 30 24 86, Metro: Universitat (L1, L2)*

Can Culleretes [110 C4]

Ältestes Restaurant der Stadt, eröffnet 1786. Früher Stammlokal von Literaten und Künstlern, von denen Fotos und Gemälde in den Speisesälen hängen. Traditionelle katalanische Gerichte. *So abends geschl., Quintana, 5, Tel. 933 17 64 85, Metro: Liceu (L3)*

El Convent [110 C3]

Altstadtlokal in einem Gebäude von 1713, gleich hinter dem Boquería-Markt. Ein Besuch lohnt vor allem wegen der urig-alten Einrichtung. Die traditionelle katalanische Küche ist mitunter schwer verdaulich, aber mittags sehr preisgünstig! *So geschl., Jerusalem, 3, Tel. 933 17 10 52, Metro: Liceu (L3)*

Egipte [110 C3]

Alteingesessenes Speiselokal an der Rambla. Katalanische Spezialitäten. Mittagsmenü mit Riesenauswahl an Gängen, alles frisch vom Boquería-Markt gleich nebenan. *Tgl., Rambla, 79, Tel. 933 17 95 45, Metro: Liceu (L3)*

Food-Ball [110 C2]

Spaniens berühmter Schuhhersteller Camper kreiert in diesem Imbisslokal ausschließlich Gerichte in Kugelform (Spezialität: gefüllte Reisbällchen). Die Gäste sitzen auf dem Boden und essen mit den Fingern. Alle Zutaten aus ökologischem Anbau. *Tgl., Carrer Elisabets, 9, Metro: Catalunya (L1, L3)*

Laie Cafè [111 D2]

Literaturcafé mit hübschem Wintergarten. Empfehlenswertes Mittagsmenü. Büfett mit Salaten, Vorspeisen und Desserts. *So geschl., Pau Claris, 85, Tel. 933 02 73 10, Metro: Catalunya (L1, L3)*

Mamacafé [110 B3]

Modernes mediterranes Caférestaurant in einer ehemaligen Lagerhalle des Raval. U. a. vegetarische Gerichte. *So geschl., Aug. nur abends, Doctor Dou, 10, Tel. 933 01 29 40, Metro: Catalunya (L1, L3)*

Pinotxo [110 C3]

★ An dieser schlichten Theke in der Boqueria erwarten Sie ab 6 Uhr

56

ESSEN & TRINKEN

morgens marktfrische kulinarische Köstlichkeiten, die Sie sonst nur in den besseren Lokalen der Stadt bekommen. Deshalb speisen hier auch gern die Köche renommierter Restaurants, wenn sie morgens auf dem Markt einkaufen waren. Eine Institution! *So geschl., Mercat de la Boqueria, Metro: Liceu (L3)*

Pla dels Àngels [110 B2]
Modernes, originell gestaltetes Lokal gegenüber dem Museum für Zeitgenössische Kunst. Frische mediterrane Gerichte, Mittagsmenüs. *Tgl., 23, Tel. 933 29 40 47, Metro: Universitat (L1, L2)*

Senyor Parellada [111 E5]
Insider Tipp
Beliebtes Restaurant in einem mittelalterlichen Bürgerpalais: originell-entspanntes Ambiente zwischen Kronleuchtern und Korbsesseln. Moderne Version des traditionellen katalanischen Gasthauses. Marktfrische Küche zu günstigen Preisen. *Tgl., Argentaria, 37, Tel. 933 10 50 94, Metro: Jaume I (L4)*

Silenus [110 B3]
Sie merken dem modernen Lokal die Nähe zum Museum für Zeitgenössische Kunst an: Die Dekoration ist schöpferisch gestaltet. Kochkultur rund ums Mittelmeer. *So geschl., Carrer dels Àngels, 8, Tel. 933 02 26 80, Metro: Catalunya (L1, L3)*

Sureny [117 D4]
Insider Tipp
Die hohe Kunst der modernen Tapasküche, serviert in rustikal-gemütlichem Ambiente. Überraschende kulinarische Kombinationen zu vernünftigen Preisen. Im Multikultiviertel Gràcia. Freitag und Samstag unbedingt reservieren! *Mo

Für Süßmäuler: Crema catalana

geschl., Plaça Revolución, 17, Tel. 932 13 75 56, Metro: Fontana (L3) oder Joanic (L4)*

Le Tre Venezie [110 C6]
Insider Tipp
Hohe Räume mit blauen Decken, mythologisch inspirierten Wandmalereien, rustikalen Tischen: originell ausgestattete Trattoria mit ausgezeichneter Pizza und Pasta. Im Sommer mit Terrasse auf typischem Altstadtplatz. *Sa mittags und Di geschl., Plaça Duc de Medinaceli, 4, Tel. 933 42 42 52, Metro: Drassanes (L3)*

La Verónica [111 D5]
🏃 Die (post-)moderne Pizzeria hat ihren Teil zur Aufwertung des Viertels beigetragen. Terrasse mit Szeneflair. *Di–Fr mittags und Mo geschl., Avinyó, 30, Tel. 934 12 11 22, Metro: Drassanes (L3)*

57

EINKAUFEN

Vom Ladenhüter bis zum letzten Schrei

Zwischen Modetempeln, mediterranen Märkten und Antiquariaten

Ich kaufe, also bin ich«: Dass ein berühmtes Barceloniner Designkaufhaus die ironisch abgewandelte Philosophenweisheit als Werbeslogan wählte, ist kein Zufall. Den Katalanen war stets daran gelegen, ihr Wesen möglichst eindrucksvoll zur Geltung zu bringen. Dafür sprechen die vielen exklusiven Geschäfte vor allem im oberen Teil der Stadt, ob in prächtigem Jugendstil oder edel-postmodernem Understatement: vor allem an der Rambla de Catalunya (oberhalb der Plaza de Catalunya!), am Passeig de Gràcia und der Avinguda Diagonal samt Seitenstraßen. In der Altstadt finden Sie eher kleine Läden, alteingesessene Kolonialwarenhändler, Kurioses, Kitsch, Kunsthandwerk oder Trödel – oft in winzigen Räumen, in denen die Zeit stehen geblieben zu sein scheint.

Neben den traditionsreichen Läden eröffnen in jüngster Zeit zunehmend Trendshops und hippe Modeboutiquen, besonders in der **Carrer Avinyó.** Im Ribera-Viertel haben sich bezaubernde Läden für Kunsthandwerk, Designerklamot-

Exklusive Geschäfte – so wie dieses am Passeig de Gràcia – sind typisch für die katalanische Hauptstadt

La Boqueria – hier ist das Einkaufen ein ganz besonderes Vergnügen

ten oder Delikatessen angesiedelt, vor allem um den Passeig del Born und die Gasse Flassaders herum.

Einkaufen in Barcelona macht Spaß, ist allerdings nicht gerade billig. Will man den Statistiken glauben, liegen die Preise hier über denen in München oder Düsseldorf. Vergessen Sie Fächer und Flamencotänzerinnen – Sie befinden sich in einer europäischen Hochburg in Sachen Design, Mode und Kunsthandwerk. Letzteres sollten Sie sorgfältig aussuchen, damit Sie nicht hinterher feststellen müssen, dass die »typisch katalanische« Keramik in Wirklichkeit aus Hongkong stammt. An den Infostellen des Fremdenverkehrsamts bekommen Sie eine Liste empfohlener Läden. Eine gute Adresse für ge-

ACCESSOIRES & SCHMUCK

schmackvolle Geschenkideen sind außerdem Barcelonas Museums-shops.

Die Geschäfte öffnen im Allgemeinen montags bis freitags von 10 bis 14.30 Uhr und von 16.30 bis 20 Uhr. Die großen Einkaufszentren und Kaufhäuser sind meist bis 21 Uhr geöffnet, viele durchgehend, oft auch samstags.

ACCESSOIRES & SCHMUCK

Bassol Gallery   [110 B3]
Outlet für trendy Brillenmodelle, von dezent bis schrill. *Doctor Dou, 19, Metro: Catalunya (L1, L3)*

La Cubana   [110 C4]
Altmodisch im besten Sinn: Spitzen, Handschuhe, Seidenschals, handgemalte Fächer, *mantillas* – seit 1824 eine Institution. *Boqueria, 26, Metro: Liceu (L3)*

Insider Tipp **Forum Ferlandina**   [110 B2]
Schöne und ausgefallene Schmuckkreationen junger Gestalter. *Ferlandina, 31, Metro: Universitat (L2)*

Guantería Pedro Alonso   [111 D3]
In dem Jugendstilladen finden Sie Handschuhe für fast jede Gelegenheit und Fächer. *Santa Anna, 27, Metro: Catalunya (L1, L3)*

Sombrerería Obach   [111 D4]
Traditionsreiches Hutgeschäft in einem malerischen Eckladen. Seit Generationen weiß man hier, welche Bedeckung auf welchen Kopf passt. *Call, 2, Metro: Liceu (L3)*

ANTIQUITÄTEN

Barcelona ist ein Mekka für (zahlungskräftige) Liebhaber des katala-nischen Jugendstils. Tipp für weniger Betuchte: Schauen Sie mal in die mitunter etwas schäbig wirkenden Läden rund um den Flohmarkt der Encants Nous: Möbel, Lampen, Bücher, Kunstobjekte – was das Sammlerherz begehrt.

Altstadt   [110–111 C–D 3–4]
★ Die stimmungsvollsten Antiquitätenläden zum Schauen und Stöbern liegen in den mittelalterlichen Gassen des ehemaligen Jüdischen Viertels: in der Carrer de la Palla und in der Gasse Banys Nous.

BÜCHER

Wenn Sie Kunstbücher, Bildbände oder Ausstellungskataloge suchen: In den Büchershops der Museen finden Sie oft eine ausgezeichnete Auswahl, besonders in der Miró-Stiftung, im Picasso-Museum oder im Zentrum für Zeitgenössische Kultur.

La Central del Raval   [110 C2]
In der barocken Kapelle befindet sich eine der größten und bestsortierten Buchhandlungen Europas. *Elisabets, 6, www.lacentral.com, Metro: Catalunya (L1, L3)*

Laie   [111 D2]
Anspruchsvolles Angebot aus Literatur, Kunst, Design, Film und Fotografie. Literaturcafé mit internationaler Presse. *Pau Claris, 85, www.laie.es, Metro: Catalunya (L1, L3)*

DELIKATESSEN & SPIRITUOSEN

Cacao Sampaka   [122 B1]
Reinste Kakaokultur, ohne Zusatzstoffe. Überraschende Schokoladenkreationen und Geschmacksrich-

EINKAUFEN

tungen. *Consell de Cent, 292, www.cacaosampaka.com, Metro: Passeig de Gràcia (L2, L3, L4)*

Insider Tipp **Caelum** [111 D3–4]
Himmlische Köstlichkeiten, in spanischen Klöstern hergestellt. Gebäck, Marzipan, Honig, Weine, Liköre. Im einzigartig restaurierten Keller aus dem 14. Jh. können Sie bei Kerzenschein und alter Musik Tees und Messweine probieren. *Mo 17–20.30 Uhr, Di–Do 10.30–20.30 Uhr, Fr und Sa 10.30–23.30, So 11.30–14.30 Uhr, Carrer de la Palla, 8, Metro: Liceu (L3)*

Can Gisbert [111 E5]
★ Bezaubernder, über 150 Jahre alter Kolonialwarenladen im Ribera-Viertel. Der Ofen, in dem Pflaumen oder Aprikosen gedörrt werden, seit 1851 in Betrieb, ist einzigartig in ganz Spanien. *Aug. nur Mo–Fr*

10–13 Uhr, Sombrerers, 23, www.cangisbert.com, Metro: Jaume I (L4)

Colmado Quilez [116 B6]
Hübscher alter Kolonialwarenladen. *Cavas aus über 50 Kellereien. Rambla de Catalunya, 63, Metro: Passeig de Gràcia (L2, L3, L4)*

Fargas [111 D3]
★ Anblick und Aroma der frisch zubereiteten Schokolade sind so verführerisch, dass selbst beste Diätvorsätze nichts nützen. Schöner Jugendstilladen, seit 1827 die erste *xocolateria* am Platz. *Carrer del Pi, 16, Metro: Catalunya (L1, L3)*

Herbolari del Rei [110 C4]
1818 eröffneter, sehenswerter Laden mit Spezereien, Gewürzen, Mittelmeerkräutern. *Vidre, 1, Metro: Liceu (L3)*

MARCO POLO Highlights
»Einkaufen«

★ **Altstadt**
Stöbern in Barcelonas interessantesten Antiquitätenläden (Seite 60)

★ **Vinçon**
Das Designkaufhaus der anderen Art (Seite 62)

★ **Fargas**
Süße Versuchung in reinem Jugendstil (Seite 61)

★ **Mercat de Sant Josep/ La Boqueria**
Sinnliches Einkaufserlebnis zwischen *modernisme* und Meeresfrüchten (Seite 64)

★ **La Manual Alpargatera**
Auf traditionsreichen Sohlen (Seite 65)

★ **Textil-Route**
Moderne Entwürfe zwischen mittelalterlichen Mauern (Seite 64)

★ **Centre Permanent d'Artesania**
Kataloniens Kunsthandwerk im Überblick (Seite 63)

★ **Can Gisbert**
Kolonialwarenladen wie zu Urgroßmutters Zeiten (Seite 61)

61

DESIGN

Schön und gut: Pastelería Escribà

Sicilia« weitere 3000 Abfüllungen. Daneben finden Sie eine reiche Auswahl an Sherrys, Wermutsorten und Raritäten. *Agullers, 7, Metro: Jaume I (L4)*

DESIGN

Pastelería Escribà [110 C4]
Historische Jugendstilkonditorei, dazu eine der besten Barcelonas. *Rambla, 83, Metro: Liceu (L3)*

Insider Tipp La Pineda [111 D3]
Tapas, Wurst, Wein. Bezaubernder alter Kolonialwarenladen mit Probiertischen. *Mo–Sa 9–15 und 18 bis 21.30 Uhr; So 11–15 und 19 bis 21.30 Uhr; Pi, 16, Metro: Liceu (L3)*

Quevieures Murria [116 C6]
Wunderschöner Kolonialwaren-Jugendstilladen. Hauseigener *cava*. *Roger de Llúria, 85, Metro: Passeig de Gràcia (L2, L3, L4)*

Insider Tipp Vila Viniteca [111 E5]
Neben Spitzenweinen aus dem Priorat oder Kultweinen wie »Vega

B. D. Ediciones de Diseño [116 C6]
Möbel, Objekte und Accessoires zeitgenössischer Gestalter, von Stardesignern wie Oscar Tusquets Blanca oder Javier Mariscal bis hin zu den alleraktuellsten Tendenzen. In einem imposanten Gebäude des Jugendstilarchitekten Domènech i Montaner. *Mallorca, 291, www.bdbarcelona.com, Metro: Passeig de Gràcia (L2, L3, L4)*

D Barcelona [123 D4]
Accessoires und Dekoratives für zu Hause: schrille Objekte, witzige Geschenke. *Rec, 61, Metro: Jaume I (L4)*

DOM
Avantgardistische Möbel und ausgefallene Mitbringsel. *Avinyó, 7* **[122 B4]**, *Metro: Liceu (L3), und Provença, 249* **[116 B5]**, *www.id-dom.com, Metro: Diagonal (L3, L5)*

Recdi8 [111 E4]
Objekte direkt vom Designer – kurios, originell, exklusiv. *Espasería, 20, www.recdi8.com, Metro: Jaume I (L4)*

Vinçon [116 C5]
★ Gehörte zu den ersten, bahnbrechenden Designshops der Stadt und ist immer noch eine gute Adresse. Sehenswert ist auch die Möbelabteilung: In diesen Räumen wohnte einst der Jugendstilmaler Santiago Rusiñol. *Passeig de Gràcia, 96,*

EINKAUFEN

www.vincon.com, Metro: Diagonal (L3, L5)

FLOH- & ANTIQUITÄTENMÄRKTE

**Brocanters del
Port Vell** [110 B6]
Antiquitäten- und Brocanteriemarkt am Alten Hafen, nahe dem Kolumbus-Denkmal. *Sa und So 11–21 Uhr, Metro: Drassanes (L3)*

Els Encants Nous [124 A1]
Immer noch Barcelonas größter und bester Flohmarkt, obwohl auch zunehmend Ramsch und gestohlene Ware angeboten werden. *Sept. bis Juli Mo, Mi, Fr, Sa 9–18 Uhr, Plaça de les Glòries, Metro: Glòries (L1)*

Mercat Gòtic [111 D4]
Antiquitäten und Trödel auf dem Platz vor der Kathedrale. *Sept.–Juli Do 10–20 Uhr, Plaça Nova, 1 (in der Vorweihnachtszeit Portal de l'Àngel), Metro: Catalunya (L1, L3)*

GALERIEN

Etablierte Galerien finden Sie gehäuft in den Straßen Consell de Cent/Rambla de Catalunya [122 B1]: z. B. *Carles Taché (Consell de Cent, 290)* oder *Prats (Rambla de Catalunya, 54)*, die bedeutende spanische und katalanische Künstler vertreten. Neue Galerien sind im Raval entstanden, um das Museum für Zeitgenössische Kunst und im Ribera-Viertel um den Mercat del Born.

KAUFHAUS

El Corte Inglés
Barcelonas größtes Kaufhaus. An der Plaça de Catalunya präsentiert es sich mit Aussichtsrestaurant und preisgekrönter Fassade. An der Avenida Diagonal weniger überlaufen. *Plaça de Catalunya, 14* [111 D2], *Metro: Catalunya (L1, L3), Av. Diagonal, 652–656* [115 D2–3], *Metro: María Cristina (L3)*

KUNSTHANDWERK

**Centre Permanent
d'Artesania** [122 C1]
★ In dem Ausstellungszentrum für einheimisches Kunsthandwerk können Sie viele der Exponate zu angemessenen Preisen erwerben. Das Spektrum reicht von Keramik, Glas- oder Eisenarbeiten in traditioneller Machart bis zu hochaktuellem, modischem Design. *Passeig de Gràcia, 55, Metro: Passeig de Gràcia (L2, L3, L4)*

Els Encants Nous – die Schnäppchenjäger kommen zeitig

63

MÄRKTE

Cereria Subirá [111 D4]
Bezaubernder Kerzenladen, in dem die Zeit seit 1761 stillzustehen scheint. *Llibreteria, 7, Metro: Jaume I (L4)*

Itaca [110 C4]
In dem Keramikladen bekommen auch Touristen nur original katalanisches Kunsthandwerk. *Ferran, 26, Metro: Liceu (L3)*

Textil-Route [111 E4–5]
★ Die lange Zeit leer stehenden historischen Handwerkerhäuser und Webereien des Ribera-Viertels werden seit einigen Jahren von jungen Gestaltern bezogen und wieder belebt. Vor allem um die Straßen Banys Vells, Esquirol Flassaders und Barra de Ferro herum finden Sie sehr interessante Läden, Textilwerkstätten und trendige Modeateliers. Zwischendurch können Sie sich in stimmungsvollen Cafés und Bars stärken. *Metro: Jaume I (L4)*

MÄRKTE

In den Markthallen, die es in fast jedem Stadtviertel gibt, können Sie etwas vom »echten« Barcelona erahnen.

Mercat de la Concepció [123 D1]
Liebevoll restaurierte Markthalle, bekannt für ihre Blumenstände. *Aragó/Bruc, Metro: Passeig de Gràcia (L2, L3, L4)*

Mercat de Sant Antoni [110 A2]
Alte Jugendstilpracht in renoviertem Glanz. Sonntagvormittags stimmungsvoller Flohmarkt mit alten Büchern. *Urgell/Tamarit, Metro: Sant Antoni (L2)*

Mercat de Sant Josep/ La Boqueria [110 C3]
★ La Boqueria, der »Bauch Barcelonas«, wird die berühmte Markthalle an der Rambla genannt. Hier kaufen nicht nur katalanische Hausfrauen, sondern auch die Spitzenköche der Stadt. Lassen Sie sich treiben in dem Gewirr von Farben, Formen, Gerüchen und Geräuschen, bestaunen Sie die aufgetürmten Berge fangfrischer Fische und Meeresfrüchte, die appetitlich angehäuften Pilze, Peperoni, Nüsse oder Trüffeln. Meiden Sie die überteuerten Stände am Eingang. Und probieren Sie die zu Delikatessen verarbeiteten frischen Produkte an den Ständen am Rand der Halle, am besten an der Theke von *Pinotxo*. *Rambla, 85, Metro: Liceu (L3)*

MODE

Custo [122 C4]
Schrille Prints und Materialmix: Die innovativen Tops und T-Shirts von Custo gibt es inzwischen weltweit in mehr als 50 Ländern. In diesem Altstadtladen fing Ende der 90er-Jahre alles an. *Plaça de les Olles, 7, www.custo-barcelona.com, Metro: Jaume I (L4)*

Lydia Delgado [116 B4–5]
Die erfolgreiche katalanische Modeschöpferin entwirft weiblich-romantische Modelle, grazil, verspielt, verträumt – ein bisschen wie aus einer anderen Welt. *Minerva, 21, www.lydiadelgado.es, Metro: Diagonal (L3, L5)*

La Gauche Divine [122 B4[
Schick, ausgefallen und absolut angesagt: exklusive Mode von spanischen Stardesignern wie Sybilla,

EINKAUFEN

Amaya Arzuaga oder Josep Font und interessanten Newcomern. Dazu kulturelle Events, Performances, Ausstellungen. *Passatge de la Pau (nahe der Rambla), 7, www.lagau chedivine.com, Metro: Drassanes (L3)*

El Mercadillo [111 D3]

🏃 Mehrstöckiger Modebasar für junge Leute – total trendy. Verrückter Friseurladen, Café mit zauberhaftem Patio. *Portaferrissa, 1, Metro: Liceu (L3)*

Antoni Miró

Kataloniens Topmodeschöpfer kombiniert schlichte Eleganz und klassischen Chic zu einer unverwechselbaren Linie für zeitgeistbewusste und zahlungskräftige Individualisten. *Consell de Cent, 349 [122 C1], Metro: Passeig de Gràcia (L2, L3, L4), Rambla de Catalunya, 100 [116 B5–6], www.antonimiro.com, Metro: Diagonal (L3, L5)*

Riera Baixa [110 B3]

🏃 Diese kleine, auf den ersten Blick eher schäbig wirkende Straße ist höchst hip: viele Secondhandläden, Vintagekleidung, Tattoo- und Piercingshops. *Riera Baixa, Metro: Liceu (L3)*

MUSIK

In der Carrer dels Tallers [110 C2] gibt es einen CD- und Plattenshop neben dem anderen.

Castelló

Vorzüglich sortiertes Fachgeschäft. *Tallers, 9 und 79 [110 C2], Metro: Catalunya (L1, L3), Nou de la Rambla, 15, und Sant Pau, 2 [110 B5], Metro: Liceu (L3)*

Discos Edison's [110 B3]

Secondhandplatten, Oldies und Raritäten. *Riera Baixa, 10, Metro: Liceu (L3)*

FNAC

Breit gefächertes Angebot, auch attraktive Sonderangebote. Vor allem Mainstream. *El Triangle, Plaça de Catalunya [111 D2], Metro: Catalunya (L1, L3), L'Illa, Diagonal, 549 [115 E3], Metro: Maria Cristina (L3)*

SCHUHE

Camper

Die tragbaren trendy Treter aus Mallorca sind zwar inzwischen weltweit berühmt, aber in Spanien immer noch erheblich günstiger als anderswo. *El Triangle, Plaça Catalunya [111 D2], Metro: Catalunya (L1, L3), València, 249 [116 C6], Metro: Passeig de Gràcia (L2, L3, L4)*

CZAR [123 D4]

Letzter Schrei der Schuhmode: extravagante Modelle, nichts für Mauerblümchen. *Passeig del Born, 20, Metro: Jaume I (L4)*

La Manual Alpargatera [111 D5]

⭐ Die beliebten *espardenyes*, Leinenschuhe auf Bastsohlen, werden in dem volkstümlichen Betrieb seit Generationen maßgefertigt: ob für Laufkundschaft oder so prominente Füße wie die von Michael Douglas. *Avinyó, 7, Metro: Liceu (L3)*

Muxart [116 B6]

Begehrte spanische Modeschuhe – eine geglückte Verbindung von traditionellem Handwerk und Design. *Rambla Catalunya, 57, Metro: Passeig de Gràcia (L2, L3, L4)*

ÜBERNACHTEN

Schön und erholsam schlafen

Nur wer rechtzeitig sein Hotelzimmer bucht, ist in Barcelona gut gebettet

Zwar werden unablässig neue Hotels gebaut – aber die Übernachtungskapazitäten reichen längst nicht aus. Die Touristenströme wachsen stetig weiter an. Zudem zählt Barcelona zu den begehrtesten internationalen Kongress- und Messestädten – fast jeden Monat findet irgendeine größere Veranstaltung statt. Für diese Termine sind die Hotels mitunter Monate im Voraus ausgebucht. Rechtzeitige Reservierung ist dringend zu empfehlen – sonst bleibt Ihnen für solche Tage nur die Möglichkeit eines überteuerten oder schlechten Hotels – wenn Sie überhaupt etwas finden. Zu bedenken ist außerdem, dass die Zimmerpreise während dieser Zeit erheblich steigen.

Insider Tipp Fragen Sie in jedem Fall nach einem Außenzimmer *(habitación exterior)* – ein Innenzimmer *(habitación interior)* mit Fenster zum Lichtschacht ist in Barcelona nichts Ungewöhnliches, wirkt aber doch mitunter recht deprimierend (und ist dazu fast immer erheblich kleiner). Falls Sie im Sommer anreisen, sollten Sie ein Zimmer mit Klimaanlage buchen. Erkundigen Sie sich unbe-

Majestic: Nobelhotel mit modernem Komfort und Dachterrassenpool

dingt, ob im Preis Frühstück und Mehrwertsteuer (IVA) enthalten sind! Die folgenden Angaben beziehen sich auf die offiziellen Preiskategorien der Hotels. Aber oft gibt es sehr viel günstigere Angebote. Checken Sie die hoteleigenen Websites!

HOTELS €€€

Colón [111 D3]

Klassisches Altstadthotel mit Tradition und Charme, vis-a-vis von Kathedrale und römischen Stadtmauern. Verlangen Sie ein Zimmer mit Aussicht. *147 Zi., Av. Catedral, 7, Tel. 933 01 14 04, Fax 933 17 29 15, www.hotelcolon.es, Metro: Urquinaona (L1, L4)*

Comtes de Barcelona [116 C6]

★ Prächtiger Bürgerpalast aus der Zeit des *modernisme*. Sonnenterrasse, Pool. Gehobener Komfort und gediegene Eleganz an Barcelonas Nobelboulevard. *183 Zi., Passeig de Gràcia, 73–75, Tel. 934 67 47 80, Fax 934 67 47 87, www.condesde barcelona.com, Metro: Passeig de Gràcia (L2, L3, L4)*

Duquesa de Cardona [111 D5] *Insider Tipp*

Kleines Hotel mit diskretem Charme. Moderner Komfort in stil-

67

HOTELS €€€

voll renoviertem Adelspalast des 19. Jhs. Viele liebevolle Details, individueller Service. Geräumige Zimmer, zum Teil mit Blick über den alten Hafen. Dachterrasse. Ein paar Schritte von der Rambla. *44 Zi., Passeig Colom, 12, Tel. 932 68 90 90, Fax 932 68 29 31, www.hduquesadecardona.com, Metro: Drassanes (L3)*

Gallery Hotel [116 C5]
Komfortables, modernes Hotel im Herzen des Jugendstilviertels. Elegant eingerichtete, großzügige Zimmer. Sauna, Gartenterrasse. *115 Zi., Roselló, 249, Tel. 934 15 99 11, Fax 934 15 91 84, www.galleryhotel.com, Metro: Diagonal (L3, L5)*

H 1898 [110 C3]
Ein Hauch von Kolonialstil und tropischer Nostalgie im Palais der ehemaligen philippinischen Tabakgesellschaft. Neues Komforthotel an der Rambla mit Pool auf der Dachterrasse und Spa. *169 Zi., La Rambla, 109 (Eingang Pintor Fortuny), Tel. 935 52 95 52, Fax 935 52 95 50, www.nnhotels.es, Metro: Catalunya (L1, L3)*

Majestic [116 C6]
★ Klassiker unter Barcelonas Nobelherbergen. Moderner Komfort, verbunden mit dem Flair des 19. Jhs. am Boulevard Passeig de Gràcia. Pool auf der Dachterrasse. Gourmetrestaurant *Drolma* mit Michelinstern. *303 Zi., Passeig de Gràcia, 70, Tel. 934 88 17 17, Fax 934 88 18 80, www.hotelmajestic.es, Metro: Passeig de Gràcia (L2, L3, L4)*

Le Meridien Barcelona [110 C3]
Moderner Luxus mit einem Anklang an Historie an Barcelonas berühmter Flaniermeile. Lieblingshotel von Film-, Opern- und Popstars. *212 Zi., Rambla, 111, Tel. 933 18 62 00, Fax 933 01 77 76, www.lemeridien.com, Metro: Liceu (L3)*

Neri [122 C3]
Designhotel mitten im Gotischen Viertel, in einem renovierten Palais des 18. Jhs. Die Einrichtung kombiniert hypermodernes Design und Hightech mit Samtvorhängen und Satin. Komfortabel, nur die Lärmisolierung lässt zu wünschen übrig. Dachterrasse zum Relaxen. *22 Zi., San Sever, 5, Tel. 933 04 06 55, Fax 933 04 06 56, www.hotelneri.com, Metro: Jaume I (L4)*

OMM [116 C5]
★ Hinter der avantgardistisch gewellten Fassade des neuen Hotels eröffnet sich eine Oase aus minimalistischem Design, Edelhölzern, Hightech und Fengshui. Weite Räume, klare Linien, naturbelassene Materialien. Die Zimmer sind durchgestylt bis ins letzte Detail. Aussicht auf Gaudís Prachtbau La Pedrera. Die loftartige Lobby ist eine der gefragtesten Inbars Barcelonas, das Gourmetrestaurant *Moo* ein auch ästhetisches Erlebnis. Dachterrasse mit Pool, Spa-Bereich. *58 Zi., Roselló, 265, Tel. 934 45 40 00, Fax 934 45 40 04, www.hotelomm.es, Metro: Diagonal (L3, L5)*

Inside-Tipp

Prestige Paseo de Gracia [116 C6]
Avantgardistisches Design mit orientalischem Touch, hochwertige Hightech. Exzellenter Service. *45 Zi., Passeig de Gràcia, 62, Tel. 932 72 41 80, Fax 932 72 41 81, www.prestigepaseodegracia.com, Metro: Passeig de Gràcia (L2, L3, L4)*

ÜBERNACHTEN

HOTELS €€

Hotel Actual [116 C5]
Angenehmes, modernes Hotel, ein paar Schritte vom Nobelboulevard Passeig de Gràcia. Zimmer lärmisoliert, komfortabel, mit Internetanschluss. Toplage! Verlangen Sie ein Zimmer mit Blick auf Antoni Gaudís berühmtestes und verrücktestes Haus, La Pedrera. *29 Zi., Rosseló, 238, Tel. 935 52 05 50, Fax 935 52 05 55, www.hotelactual. com, Metro: Diagonal (L3, L5)*

Adagio [110 C4]
Beliebtes Altstadthotel: schlicht, sauber, sachlich. Nur ein paar Schritte von der Rambla entfernt. Total renoviert. Für die Lage günstig. *38 Zi., Ferrán, 21, Tel. 933 18 90 61, Fax 933 18 37 24, www.adagioho tel.com, Metro: Liceu (L3)*

Banys Orientals [111 E5]
★ Architektur- und Designmagazine preisen dieses bezaubernde Hotel in stilvoll restaurierten historischen Mauern, zentral gelegen zwischen Gotischem Viertel und La Ri-

bera. Kleine Zimmer mit besonders großen Betten. Minimalistisch möbliert. Für Lage und Komfort sehr günstig. *43 Zi., Argentería, 32, Tel. 932 68 84 60, Fax 932 68 84 61, www.hotelbanysorientals.com, Metro: Jaume I (L4)*

Caledonian [122 A1]
Komfortable und geräumige Zimmer mit Marmorbädern. Das Ambiente ist gediegen, der Service freundlich. Zentrale Lage nahe Plaça de Catalunya. *51 Zi., Gran Vía de les Corts Catalanes, 574, Tel. 934 53 02 00, Fax 934 51 77 03, www.hotel-caledonian.com, Metro: Universitat (L2)*

Catalonia Princesa [123 D3]
Mittelklassehotel in historischem Gebäude, zentral am Parc de la Ciutadella gelegen. Moderne, komfortable Zimmer. *90 Zi., Rec Comtal, 16–18, Tel. 932 68 86 00, Fax 932 68 84 91, www.hoteles-catalonia.es, Metro: Arc de Triomf (L1)*

Chic & basic [111 F4] *Insider Tipp*
Schlicht zum Wohlfühlen! Intelligent, kreativ, komfortabel und cool:

MARCO POLO Highlights
»Übernachten«

★ **Banys Orientals**
Gut und günstig
(Seite 69)

★ **OMM**
Ein avantgardistischer Traum
(Seite 68)

★ **Park Hotel**
Nicht nur für 50er-Jahre-Nostalgiker (Seite 72)

★ **Sant Agustí**
Zauberhaftes Altstadthotel
(Seite 72)

★ **Majestic**
Nobel entspannen
(Seite 68)

★ **Comtes de Barcelona**
Schlafen in reinem Jugendstil
(Seite 67)

Barcelonas Luxushotels

Arts Barcelona [123 F5]

🔽 Ein Traum aus Eleganz, Hightech, Design, Sonne und Mittelmeer. In dem avantgardistischen Hotelturm (45 Stockwerke) am Strand des olympischen Dorfs erwarten Sie großzügige Zimmer oder Suiten mit Panoramablick und mondänen Marmorbädern. Terrassen, Gärten, Bars, Cafés, Spa, ein Swimmingpool mit Meerblick und das Tapas-Restaurant *Arola* des mit zwei Michelinsternen gekrönten Chefs Sergi Arola. *Ab 370 Euro, 482 Zi., Marina, 19–21, Tel. 932 21 10 00, Fax 932 21 10 70, www.ritzcarlton.com, Metro: Ciutadella – Vila Olímpica (L4)*

Casa Fuster [116 C5]

Denkmalgeschützter Luxus in einem der schönsten Gebäude des Jugendstilarchitekten Domènech i Montaner. Die opulente *modernisme*-Dekoration wird hier mit hochmodernem Komfort kombiniert. Dazu Panoramaterrasse, Pool, Sauna und das Gourmetrestaurant *Galaxó*. Bezaubernd ist das *Café Vienés* mit seinen riesigen Samtsofas. *Ab 310 Euro, 96 Zi., Passeig de Gràcia, 132, Tel. 932 55 30 00, Fax 932 55 30 02, www.hotelcasafuster.com, Metro: Diagonal (L3, L5)*

La Florida [113 F1]

🔽 Gran Luxe hoch über der Stadt gelegen: wiedereröffnetes Nobelhotel der Belle Époque, zu dessen Stammgästen u. a. Ernest Hemingway und Zsa Zsa Gabor zählten. Mit atemberaubendem Panoramablick, spektakulären Designersuiten, Garten, Spa, Wellness, Hallenbad, extravagantem Pool mit Wasserkaskaden. Gourmetrestaurant *L'Orangerie*. Kostenloser Hotel-Shuttle ins Zentrum. *Ab 400 Euro, 74 Zi., Crta. Vallvidrera, 83–93, Tel. 932 59 30 00, Fax 932 59 30 01, www.hotellaflorida.com*

Palace [111 E1]

Das ehemalige Hotel Ritz zog seit seiner Gründung 1919 stets Adel, Künstler und berühmte Exzentriker an, unter ihnen Salvador Dalí. Die Belle-Époque-Pracht und Eleganz des Hauses fasziniert noch immer illustre Individualisten wie Woody Allen, die Nostalgie und Luxus lieben. Die Zimmer werden zurzeit generalüberholt. Gourmetrestaurant *Caelis* mit Michelinstern. *Ab 390 Euro, 120 Zi., Gran Via de les Corts Catalanes, 668, Tel. 935 10 11 30, Fax 933 18 48 37, www.hotelpalacebarcelona.com, Metro: Urquinaona (L1, L4)*

Das lichtdurchflutete Designhotel liegt in einem mittelalterlichen Palais, mitten im hippen Ribera-Viertel. Innovative Einrichtungsideen und überraschende Details. Für unkonventionelle Zeitgenossen. *31 Zi. (XXL, XL, L, M), Princesa, 50, Tel. 932 95 46 52, Fax 932 95 46 53, www.chicandbasic.com, Metro: Jaume I (L4)*

Continental Barcelona [110 C3]

Direkt an der Rambla. Die Zimmer sind sehr klassisch, komfortabel,

ÜBERNACHTEN

lärmisoliert und sicher. Im Preis enthalten ist ein Büfett rund um die Uhr mit Snacks und Getränken. *35 Zi., La Rambla, 138, Tel. 933 01 25 70, Fax 933 02 73 60, www.hotelcontinental.com, Metro: Catalunya (L1, L3)*

Gaudí [110 C4]
Gegenüber Gaudís grandiosem Palau Güell. Sauber, zweckmäßig eingerichtet. Die Zimmer mit Terrasse und Traumblick über die skurrile Dachlandschaft gegenüber sind nicht teurer als kleinere Zimmer ohne Aussicht! *73 Zi., Nou de la Rambla, 12, Tel. 933 17 90 32, Fax 934 12 26 36, www.hotelgaudi.es, Metro: Liceu (L3)*

Granvía [111 D1]
Die Zimmer des Jugendstilpalais sind schlicht und könnten eine Renovierung vertragen, aber die Aufenthalts- und Frühstücksräume mit prächtigen Spiegeln und Kandelabern lassen das Herz jedes Fin-de-Siècle-Nostalgikers höher schlagen. Zentrale Lage. *54 Zi., Gran Vía de les Corts Catalanes, 642, Tel. 933 18 19 00, Fax 933 18 99 97, www.nnhotels.es, Metro: Passeig de Gràcia (L2, L3, L4)*

Hostal Palacios [122 B1]
Stilvolles Mittelklassehotel in einem historischen Jugendstilgebäude. Auch die Einrichtung stammt fast vollständig aus der goldenen Zeit des Modernismus. Wunderschön gekachelte Fußböden, moderne Bäder. *11 Zi., Rambla de Catalunya, 27, Tel. 933 01 30 79, Fax 933 01 37 92, www.hostalpalacios.com, Metro: Catalunya (L1, L3)*

Mesón de Castilla [110 B–C2]
Zentral gelegen. Hübsch altmodisch im kastilischen Stil. Die Zimmer sind unterschiedlich in Dekoration und Größe. Familiär-freundlich. *60 Zi., Valldoncella, 5, Tel. 933 18 21 82,*

Arts Barcelona – avantgardistischer Hotelturm mit 45 Stockwerken

HOTELS €€

Einstiges Grandhotel: das Oriente

Fax 934 12 40 20, www.mesoncas tilla.com, Metro: Universitat (L1, L2)

Metropol [111 D5]
Mitten in der Altstadt gelegen, nur ein paar Schritte von Rambla und Hafenpromenade. Für den Preis komfortabel. Relativ ruhig. Innenzimmer allerdings düster. *71 Zi., Ample, 31, Tel. 933 10 51 00, Fax 933 19 12 76, www.hoteles-hesperia.com, Metro: Drassanes (L3)*

Nouvel Hotel [110 D2–3]
Ohne romantischen Ausblick, eher düster, dafür in der Nähe der Rambla, und mit dem verblichenen Charme eines Fin-de-Siècle-Hotels. *67 Zi., Santa Anna, 18–20, Tel. 933 01 82 74, Fax 933 01 83 70, www.hotelnouvel.com, Metro: Catalunya (L1, L3)*

Oriente [110 C4]
Zu den Gästen des historischen Hotels gehörten Arturo Toscanini, Maria Callas und George Orwell. Heute ist der Belle-Époque-Charme des einstigen Grandhotels nur noch in Speise- und Festsaal erhalten. Die Zimmer werden zurzeit generalüberholt. *131 Zi., Rambla, 45–47, Tel. 933 02 25 58, Fax 934 12 38 19, www.husa.es, Metro: Liceu (L3)*

Park Hotel [111 E5]
★ Juwel der 1950er-Jahre-Architektur: Der einst radikal moderne Entwurf von Antonio Moragas wurde 1990 renoviert und aktualisiert von seinem Sohn. Geschmackvoll, gemütlich, komfortabel. ↙↗ In den oberen Stockwerken mit traumhaftem Blick über Stadt und Hafen. Verlangen Sie eins der neu renovierten Zimmer. *91 Zi., Av. Marqués de l'Argentera, 11, Tel. 933 19 60 00, Fax 933 19 45 19, www.parkhotelbarcelona.com, Metro: Barceloneta (L4)*

Principal [110 B4]
Schlichtes Hotel mit angenehmer Atmosphäre in einer ruhigen Seitenstraße des Raval, nahe der Rambla. Internet gratis. *120 Zi., Junta de Comerç, 8, Tel. 933 18 89 70, Fax 934 12 08 19, www.hotelprincipal.es, Metro: Liceu (L3)*

Sant Agusti [110 B–C4]
★ Hübsches Hotel in einem renovierten Klostergebäude aus dem 17. Jh., an einem typischen Platz des Raval. Rustikal-romantisches Alt-

ÜBERNACHTEN

stadtflair. Verlangen Sie unbedingt ein Zimmer unter dem Dach! *75 Zi., Plaça Sant Agustí, 3, Tel. 933 18 16 58, Fax 933 17 29 28, www.hotelsa.com, Metro: Liceu (L3)*

HOTELS €

Eden [122 B1]

🏃 Die Zimmer unterscheiden sich in Größe, Ausstattung und Preis. Innenzimmer können düster, Zimmer zur Straße laut sein. Verlangen Sie ein Zimmer zum Hof *(patio de manzana)*. Alle Zimmer mit Klimaanlage. Kein Garten Eden, aber für die zentrale Lage im Eixample günstig. *38 Zi., Balmes, 55, Tel. 934 52 66 20, Fax 934 52 66 21, www.hostaleden.net, Metro: Passeig de Gràcia (L2, L3, L4)*

Insider Tipp Hostal Gat Raval [110 B2]

🏃 Smart und funky: helle Räume, dekoriert in Weiß, Apfelgrün und Schwarz. In jedem Zimmer das Werk eines lokalen (jungen) Künstlers. Hippe Adressen und Kulturtipps in der Lobby. Leider nur wenige Zimmer mit Bad, aber die Etagenbäder sind sehr sauber. Ein paar Schritte von der Rambla. *24 Zi., Joaquim Costa, 44, Tel. 934 81 66 70, Fax 933 42 66 97, www.gataccommodation.com, Metro: Universitat (L1)*

Hostal Gat Xino [110 B3]

🏃 Ausstattung und Ambiente wie Gat Raval. Frühstück wird im Patio serviert. *35 Zi., Hospital, 149–155, Tel. 933 24 88 33, Fax 933 24 88 34, www.gataccommodation.com, Metro: Sant Antoni (L1)*

Hostal Girona [111 F2]

Zwei-Sterne-Pension in einem prächtigen Bürgerhaus im Herzen des Jugendstilviertels Eixample. Stilvoll restauriert, mit Originalmosaikböden, antiken Möbeln, Stuckdecken. Am schönsten und ruhigsten sind die Zimmer zum Hof *(patio de manzana)*. Familiäres Ambiente. *27 Zi., Girona, 24, 1°, Tel. 932 65 02 59, Fax 932 65 85 32, www.hostalgirona.com, Metro: Urquinaona (L1, L4)*

Hostal Grau [110 C2]

Sehr einfaches, aber freundliches Hotel in der Nähe des Museums für Zeitgenössische Kunst. Familiäres Ambiente. Verlangen Sie eines der größeren Zimmer. *20 Zi., Ramelleres, 27, Tel. 933 01 81 35, Fax 933 17 68 25, www.hostalgrau.com, Metro: Catalunya (L1, L3)*

El Jardí [110 C4]

Populäres, komplett renoviertes Altstadthotel an einem bezaubernden Platz des Gotischen Viertels. Einfache Zimmer unterschiedlicher Größe, alle mit neuen Bädern. Die Außenzimmer mit Aussicht sind schöner, allerdings auch lauter. *40 Zi., Plaça Sant Josep Oriol, 1, Tel. 933 01 59 00, Fax 933 42 57 33, www.hoteljardi-barcelona.com, Metro: Liceu (L3)*

Lloret [110 C3]

Sympathisches Hotel an der Rambla. Die einfachen Zimmer, teilweise mit Balkon und Blick auf Barcelonas Flaniermeile, können etwas laut sein. In den Empfangs- und Aufenthaltsräumen sind eine Reihe charmanter Details des Jugendstilhauses erhalten. Zimmer mit Bad, TV und Klimaanlage. *58 Zi., Rambla, 125, Tel. 933 17 33 66, Fax 933 01 92 83, www.hlloret.com, Metro: Catalunya (L1, L3)*

HOTELS €

Maldá   [110 C4]

🏃 Sehr einfache Zimmer zu Dumpingpreisen in einem Bürgerpalast aus dem 18. Jh., meist zwar ohne Dusche, aber die Etagenbäder sind tadellos sauber. Keine Reservierung – wer zuerst kommt, hat vielleicht ein Zimmer. *12 Zi., Carrer del Pi, 5, Eingang Galeríes Maldá, Tel. 933 17 30 02, Metro: Liceu (L3)*

Oasis   [111 E5]

Zentral gelegenes Hotel zwischen Hafen und Ribera-Viertel. Die kleinen Zimmer sind günstiger, die komfortableren etwas teurer. Alle Zimmer mit Bad, Klimaanlage, TV, Telefon. Die Außenzimmer mit Balkon sind laut. *101 Zi., Pla del Palau, 17, Tel. 933 19 43 96, Fax 933 10 48 74, www.hoteloasisbarce lona.com, Metro: Barceloneta (L4)*

Oliva   [122 C1]

Freundliche Familienpension im vierten Stock eines Jugendstilgebäudes. So günstig können Sie sonst nirgendwo an Barcelonas Nobelboulevard wohnen. *16 Zi., Passeig de Gràcia, 32, Tel. 934 88 01 62, Fax 934 87 04 97, Metro: Passeig de Gràcia (L2, L3, L4)*

Ópera   [110 C4]

Gepflegtes, einfaches Hotel gleich hinter dem Liceu. Die freundlichen, geräumigen Zimmer sind mit neuen Bädern und Klimaanlage ausgestattet. Für den Preis komfortabel. *70 Zi., Sant Pau, 20, Tel. und Fax 933 18 82 01, www.hostalopera. com, Metro: Liceu (L3)*

Paseo de Gràcia   [116 C5]

◁▷ Renoviert im Stil der 60er-Jahre. Die schlicht eingerichteten Zimmer, teilweise mit Balkon oder Terrasse, liegen hoch über dem Nobelboulevard Passeig de Gràcia (kaum Lärm), gleich neben Gaudís berühmter Casa Milà. Fragen Sie nach einem ◁▷ Zimmer im obersten Stock – der Blick ist atemberaubend. Für die Lage sehr günstig. *33 Zi., Passeig de Gràcia, 102, Tel. 932 15 58 24, Fax 932 15 37 24, www.hotelpaseo degracia.com, Metro: Diagonal (L3, L5)*

Rembrandt   [110 C3]

🏃 Angenehme und saubere Pension im Gotischen Viertel mit überwiegend jungen Gästen. Es gibt Zimmer für bis zu fünf Personen zu günstigen Preisen. *24 Zi., Portaferrissa, 23, Tel. und Fax 933 18 10 11, hostrembrandt@yahoo.es, Metro: Liceu (L3)*

Rey Don Jaime I   [111 D4]

🏃 Besonders bei jungen Leuten beliebtes günstiges Hotel zwischen Gotischem Viertel und La Ribera. Die Zimmer des historischen Gebäudes sind schlicht und sauber, oft aber auch laut. Innenzimmer meiden. Verlangen Sie eins der renovierten Zimmer. *38 Zi., Jaume I, 11, Tel. und Fax 933 10 62 08, www.atriumhotels.com, Metro: Jaume I (L4)*

San Remo   [111 E2]

Gepflegte Familienpension in einem hübschen Jugendstilhaus des Example, ein paar Schritte vom Zentrum. Sehr ruhig, nicht nur wegen der lärmisolierten Fenster: Die Besitzerin passt persönlich auf, dass kein Gast gestört wird. *7 Zi., Ausiàs Marc, 19/Bruc, 20, 1. Stock, Tel. 933 02 19 89, Fax 933 01 07 74, www.hostalsanremo.com, Metro: Urquinaona (L1, L4)*

ÜBERNACHTEN

La Terrassa [110 B4]

🏃 Low-Budget-Haus, mitten im Raval gelegen, unweit der Rambla. Die Hälfte der Zimmer mit Bad, einige mit Balkon. Hübscher Innenhof. *42 Zi., Junta del Commerç, 11, Tel. 933 02 51 74, Fax 933 01 21 88, Metro: Liceu (L3)*

APARTMENTS, BED & BREAKFAST & ONLINERESERVIERUNG

Apartments Ramblas

Über 120 Apartments in zentraler Lage für jeden Geldbeutel. Die Vermittlungsgebühr ist im Preis enthalten. *Tel. 933 01 76 78 (auch in Deutsch), www.apartmentsramblas. com*

Insider Tipp ### Barcelona Bed & Breakfast [0]

Ruhig gelegene Wohnung im oberen Teil der Stadt, in einem von Puig i Cadafalch gestalteten Jugendstilhaus. Geschmackvoll eingerichtet. Opulentes Frühstück. Zum Entspannen und Wohlfühlen! Doppelzimmer 72 Euro. *7 Zi., Gomis, 49, 1º, Tel. 932 11 29 85 (ab 22 Uhr), www.barcelona-bb.com, Metro: Vallcarca (L3)*

Barcelona On Line

Die Agentur reserviert Pensionen, Hotels und Apartments, von Luxusklasse bis Low Budget. Auch Last-Minute-Angebote. *www.barcelonaonline.es*

Barcelona Room

Internetagentur, spezialisiert auf Vermittlung von Hotel- und Privatzimmern, Bed & Breakfast und Apartments in zentraler Lage. Keine Vermittlungsgebühr. *www.barcelonaroom.com*

Hostels.com

Absolute Low-Budget-Unterkünfte. Die Häuser werden ausführlich beschrieben. *www.hostels.com*

Open House Spain

Größte Agentur, vermittelt mehr als 800 Hotelzimmer und Apartments. Die Vermittlungsgebühr ist im Preis enthalten. *Tel. 933 04 05 67 (in Deutsch), www.oh-barcelona.com*

Städtisches Fremdenverkehrsamt

Vermittelt gratis Hotelzimmer, oft auch attraktive Sonderangebote! *www.hotelsbcn.com*

JUGENDHERBERGEN

Für die meisten brauchen Sie einen internationalen Jugendherbergsausweis! Rechnen Sie mit 10 bis 20 Euro pro Person und Nacht.

Insider Tipp ### Youth Hostel Barcelona Gothic Point [111 E4]

🏃 Einzel- und Doppelmodule (jeweils mit Bett, Lampe, Schrank) verschaffen Intimität in den Schlafsälen. Klimaanlage. Sonnenterrasse. Die hippen Aufenthaltsräume haben TV und Mikrowelle. Internet gratis! Sicher und sauber, zentral in der Altstadt gelegen. *134 Betten, Vigatans, 5, Tel. 932 68 78 08, Fax 933 10 77 55, www.gothicpoint. com, Metro: Jaume I (L4)*

Youth Hostel Barcelona Sea Point [122 C6]

🏃 ⚲ Die Jugendherberge liegt am Strand der Barceloneta. Zimmer mit vier bis neun Betten, moderne Bäder. *105 Betten, Plaça del Mar, 4, Tel. 932 24 70 75, Fax 932 32 14 83, www.seapointhostel.com, Metro: Barceloneta (L4)*

75

AM ABEND

Sternstunden für Nachtschwärmer

Zwischen uriger Taverne und Schwof im Tanzpalast, zwischen Technoclub und Konzertsaal

Ob Sie es elegant mögen oder rustikal, exzentrisch oder gemütlich, plüschig oder postmodern: Barcelonas Nachtleben bietet etwas für jeden Geschmack. Ein ausgesprochenes Ausgehviertel gibt es nicht – die Nachtschwärmer verteilen sich. In der Altstadt treffen Sie eher die flippige Stadtboheme und junge Leute, Letztere vor allem um die Plaça Reial und die Straße Escudellers herum. Im Raval ist um das Museum für Zeitgenössische Kunst eine neue Café- und Kneipenszene entstanden: schrille Avantgarde Tür an Tür mit urigen Tavernen. Zurzeit enorm in ist auch das Ribera-Viertel, mit gemütlichen Kneipen, Cocktailbars, Restaurants, beliebten Szenelokalen und zu (post-)modernen Bars umgestalteten Industrielofts, vor allem um den Passeig del Born und den Mercat del Born herum. Der Stadtteil Gràcia ist alternativ geprägt: mit ungezählten kleinen Kneipen, Tapasbars und zum Teil sehr preiswerten Restaurants.

Im Sommer verwandeln sich die Plätze des Viertels in belebte Terrassen und Freilichtbühnen für Musiker, Gaukler oder Jongleure. Die

Palau de la Música Catalana: Hier gibt's über 200 Konzerte im Jahr

Zona Alta (Oberstadt) um Diagonal, Mariano Cubí und Tibidabo ist Revier der mode- und karrierebewussten Bevölkerung. Manche Designbars des Eixample sind indes inzwischen ein wenig passé. Im Maremàgnum, dem Freizeitkomplex am alten Hafen, finden Sie jede Menge (besonders bei jungen Leuten) beliebte Bars und Diskos.

Für Unverwüstliche bietet die Stadt eine Reihe von After-hour-Bars. Das Angebot wechselt ständig, sodass Sie sich am besten im Veranstaltungsprogramm des »Guía del Ocio« oder des »b-guided« informieren. Stürzen Sie sich also in Barcelonas Nachtleben! Und genießen Sie das Gefühl, zwar zu wissen, wann die Nacht für Sie anfängt – niemals aber, wann sie aufhört.

Allerdings sollten Sie bei allem Vergnügen stets Vorsicht walten lassen: In die Altstadt nehmen Sie besser keine Wertsachen mit und abends lieber ein Taxi!

BALLHÄUSER

La Paloma (Bongo Lounge)   [110 B2]

⭐ Barcelonas schönster Tanzpalast, mit dem Charme der vorletzten Jahrhundertwende. Am frühen

BARS & LOUNGES

Abend tanzt eher reifes Publikum, ab Mitternacht Treff für jüngere diskomüde Zeitgenossen. Jeden Donnerstag wird ab Mitternacht aus dem Ballhaus die 🏃 *Bongo Lounge* mit stadtbekannten DJ-Sessions *(bis 5.30 Uhr)*. Eine Institution! *La Paloma Do–So 18–21.30 Uhr, Fr und Sa auch 23.30–2 Uhr mit Tanzorchester, Fr und Sa ab 2.30 Uhr aktuelle Musik mit DJs, Tigre, 27, Tel. 933 01 68 97, Metro: Universitat (L1, L2)*

Sala Cibeles   [116 C5]
Beliebtes Ballhaus, kurios bis kitschig. Sonntags mit eigenem Orchester. Freitagnacht wird aus dem Tanzpalast der 🏃 *Mond Club Cibeles,* mit DJ-Sessions und jungem Publikum. *Do 23.30–4 Uhr, Fr 24–5 Uhr, Sa 23.30–5 Uhr, So 18–21.30 Uhr, Còrçega, 363, Tel. 934 57 38 77, Metro: Diagonal (L3, L5)*

BARS & LOUNGES

Bar Ra   [110 C3]
Insider Tipp

Eine der beliebtesten Szenekneipen und -terrassen der Altstadt. Aktuelle Musik, kosmopolitisches Ambiente. *Tgl. 10–1 Uhr, ab 13.30 Mittagsmenü, Mai–Okt. Abendessen auf der Terrasse, Plaça Gardunya, Tel. 933 01 41 63, Metro: Liceu (L3)*

Blue Moon   [110 C3]
In der kleinen Pianobar serviert Eddy Collins einige der besten Cocktails der Stadt. Ein Hauch von Casablanca. *Tgl. 17–1 Uhr, Di–Fr 19–21 Uhr Livepiano, Rambla, 128, im Hotel Rivoli, Metro: Catalunya (L1, L3)*

Boadas   [110 C2]
★ Legendäre Cocktailbar, die älteste Barcelonas, und noch immer eine Institution. Hier trank schon Ernest Hemingway seinen Mojito. *Mo–Sa 12–2 Uhr, Tallers, 1, Metro: Catalunya (L1, L3)*

El Café que pone
Muebles Navarro   [110 B3]
Barloft mit New Yorker Flair in ehemaligem Möbellager des Raval. Sammlung von skurrilen Möbeln. *Di–So ab 18 Uhr, Riera Alta, 4–6, Metro: Liceu (L3)*

Café Royale   [110 C5]
Angesagte Bar im Retrolook, exzentrisch, edel, eigenwillig. Spaniens Regiestar Pedro Almodóvar hat hier seine Oscars gefeiert. *So–Do 19 bis 2.30, Fr und Sa 19–3 Uhr, Nou de Zambrano, 3, Metro: Drassanes (L3)*

CDLC (Carpe Diem
Lounge Club)   [123 E5]
Coole Strandterrasse zum Entspannen auf balinesischen Liegen. Drinnen riesiger Club mit VIP-Lounges, Tanzflächen, DJ-Sessions. *Tgl. 12–2 Uhr, Passeig Marítim, 32, Tel. 932 24 04 70, Metro: Ciutadella (L4)*

Dietrich   [122 B1]
Zu Ehren der großen Marlene: Cafékultlokal der Gayszene. *Tgl. ab 22.30 Uhr, Consell de Cent, 255, Metro: Universitat (L1, L2)*

Dry Martini   [116 B5]
Benannt nach dem Lieblingsgetränk des spanischen Regisseurs Luis Buñuel: ein Muss für Freunde gepflegter Cocktails. Dazu feinste Häppchen. *Tgl. ab 18.30 Uhr, Aribau, 162, Metro: Hospital Clínic (L5)*

Gimlet   [111 E4]
Für besser gestellte Bohemiens und nonkonformistische Nachtschwär-

AM ABEND

mer mit Vorliebe für gepflegte Drinks. Ein Klassiker. *Mo–Sa ab 20 Uhr, Rec, 24, Metro: Jaume I (L4)*

London Bar   [110 B5]
Wenn der dichte Zigarettendunst aufreißt, können Sie den heruntergekommenen Charme der seit 1910 beliebten Bohemebar erkennen. *Di–So ab 19 Uhr, Nou de la Rambla, 34, Metro: Liceu (L3)*

Margarita Blue   [110 C6]
Kuriose Kneipe und Tex-Mex-Restaurant, oft rappelvoll. DJs, Drinks und Cocktails. *Tgl. ab 19 Uhr, Josep Anselm Clavé, 6, Metro: Drassanes (L3)*

Mirabé   [113 F3]
Aperitifs, Longdrinks – und ein atemberaubender Blick über ganz Barcelona. Im Sommer mit Gartenterrasse. *Tgl. 19–2 Uhr, Manuel Arnús, 2, FGC: Tibidabo, umsteigen in Tramvía Blau*

Insider Tipp

Mond Bar   [116 C4]
Szenetreffpunkt für meist jüngere Mode- und Musikbegeisterte

an einem der schönsten Plätze im Gràcia-Viertel. *Tgl. ab 21 Uhr, Plaça del Sol, 21, Metro: Fontana (L3)*

Pipa Club   [110 C4–5]
Originelle und gemütliche Szenebar mit Blick auf die Plaça Reial in den Salons des Privatclubs der Pfeifenraucher. Achtung: Sie müssen an der Haustür klingeln! *Tgl. 23–1.30 Uhr, Plaça Reial, 3, pral., Metro: Liceu (L3)*

Insider Tipp

Pitín Bar   [111 E5]
Die kleine, intime und originell ausstaffierte Bar liegt im Herzen des Ribera-Viertels. Beliebte Terrasse. *Mo–Fr ab 18 Uhr, Sa, So ab 11 Uhr, Pg. Del Born, 34, Metro: Jaume I (L4)*

Suborn   [111 F5]
Entspannter Szenetreff in modernem Loft im Inviertel Born: Das Restaurant serviert frische mediterrane Gerichte, dazu Club und Dancefloor. *Do–Sa 20.30–3 Uhr, Ribera, 18, Tel. 933 10 11 10, Metro: Barceloneta (L4)*

MARCO POLO Highlights
»Am Abend«

★ **Boadas**
Auf Hemingways Spuren: Barcelonas legendäre Cocktailbar (Seite 78)

★ **Gran Teatre del Liceu**
Mehr als ein Opernhaus (Seite 82)

★ **La Paloma (Bongo Lounge)**
Ballsaal mit Fin-de-Siècle-Charme (Seite 77)

★ **Jamboree**
Barcelonas bester Jazzkeller (Seite 80)

★ **Palau de la Música Catalana**
Modernistischer Augenschmaus, nicht nur für Musikliebhaber (Seite 82)

★ **Sala Apolo/Nitsa Club**
Szeneclub in einem alten Ballhaus (Seite 80)

79

Diskos, Clubs & Livemusik

DISKOS, CLUBS & LIVEMUSIK

Hier geht es üblicherweise erst nach Mitternacht richtig los. Viele Diskos bieten, meist am Wochenende, auch Livemusik, bzw. Liveclubs sind außerhalb der Vorstellungen Diskos. Achtung: Liveauftritte beginnen früher, meist ab 21 oder 22 Uhr.

Antilla Barcelona [122 A1]
Einer der führenden Salsaclubs, in denen sich die Einwanderer aus der Karibik ihr Heimweh von der Seele tanzen. *Tgl. ab 23 Uhr, Aragó, 141, Metro: Hospital Clínic (L5)*

Bikini [115 E3]
Von Pop bis Electronic Dance, Salsatanzsaal, Cocktailbar. Konzerte. Einer der gefragten Clubs der Stadt. *Di–Sa ab 24 Uhr, Déu i Mata, 105, Metro: Les Corts (L3)*

Dot Light Club [110 C5]
🏃 Ein avantgardistischer Lichtvorhang trennt die rot illuminierte Bar vom blau angestrahlten Dancefloor. Eine der besten Adressen für aktuelle Musik und DJ-Sessions. *Tgl. ab 23 Uhr, Nou de San Francesc, 7, Metro: Drassanes (L3)*

Fonfone [110 C5]
Hippe Neonlichtbar mit Videoinstallationen, Retrokitsch und guter elektronischer Tanzmusik. *Mo–Sa ab 22 Uhr, Escudellers, 24, Metro: Drassanes (L3)*

Jamboree [110 C4–5]
★ Historischer Jazzkeller, seit 1959 Anlaufpunkt für anspruchsvolle Fans. Internationale Gastspiele, Dancefloor. *Tgl. ab 22.30 Uhr, Plaça Reial, 17, Metro: Liceu (L3)*

Luz de Gas [116 A4]
Beliebte Disko und Music-Hall mit herrlich dekadentem Belle-Époque-Kitsch. Interessante Liveprogramme, vor allem während des Jazzfestivals im Oktober, November, Dezember. *Tgl. 23–4.30 Uhr, Juli und Aug. So geschl., Muntaner, 246, Tel. 932 09 73 85, Metro: Diagonal (L3, L5)*

Moog [110 B5]
🏃 Ausgezeichnetes Musikprogramm mit namhaften DJs. Für Leute, die Techno mögen und Electronic Dance. *Tgl. ab 24 Uhr, Arc del Teatre, 3, Metro: Liceu (L3)*

New York [110 C5]
»*Black sounds from the underground*« – Soul, Reggae, Hip Hop, Funk, auch live, im Rotlicht eines ehemaligen Sexshowlokals. *Club Do–Sa ab 24 Uhr, Pub So–Mi ab 23 Uhr, Escudellers, 5, Metro: Drassanes (L3)*

Nick Havanna [116 B5]
Durchgestylter Dauerbrenner: Barcelonas berühmter Designtempel wird zurzeit vom jüngeren Publikum frequentiert. *Do–Sa ab Mitternacht, Rosselló, 208, Metro: Diagonal (L3, L5)*

Otto Zutz Club [116 B3]
Die Drei-Etagen-Disko im Industrielook ist seit 20 Jahren ein absoluter Renner. DJ-Sessions. Electronic und Black Music. Stimmung ab 2 Uhr. *Mi–Sa ab 24 Uhr, Lincoln, 15, FGC: Gràcia, Metro: Fontana (L3)*

Sala Apolo/Nitsa Club [110 A5]
★ 🏃 Livemusik, Disko, DJs, Dancepartys, Undergroundfilme. Das elegante alte Ballhaus ist heute

AM ABEND

einer der besten und hippesten Adressen der Stadt. Am Wochenende wird aus Sala Apolo der Nitsa Club: mit aktuellen Musiktrends in verschiedenen Clubsälen. *Fr und Sa ab 0.30 Uhr, Termine für Konzerte und Veranstaltungen in der Woche können Sie der Tagespresse entnehmen, Nou de la Rambla, 113, Metro: Paral·lel (L3)*

FLAMENCO

Tablao de Carmen [120 C2]
Wo heute das Tablao de Carmen steht, debütierte 1929 die legendäre Flamencotänzerin Carmen Amaya zur Eröffnung der Weltausstellung. Authentischer Flamenco und anspruchsvolles Programm. Im Poble Espanyol. *Di–So ca. 20–2 Uhr, Flamencoshows Di–So 19.45 und 22 Uhr, Eintritt 31 Euro inkl. Drink und Eintritt Poble Espanyol, www.tablaodecarmen.com, Metro: Espanya (L1, L3), weiter zu Fuß oder Bus: Poble Espanyol (61, 13)*

Tarantos [110 C4]
Hier sind schon viele Größen des Flamenco aufgetreten, von Antonio Gades bis Duquende. *Tgl. ab 21.30 Uhr, Live-Flamenco um 21.30, 22.30 Uhr, später Disko und Musica Latina, Eintritt Flamencolokal 5 Euro, Plaça Reial, 17, Metro: Liceu (L3)*

KINOS

Filmoteca de la Generalitat [115 F4]
Das Forum für Filmkunst bietet ein anspruchsvolles Programm für Cineasten. Die Retrospektiven, Raritäten und Autorenfilme aus aller Welt werden stets in Originalfassung gezeigt. *Av. de Sarrià, 33, Metro: Hospital Clínic (L5)*

Verdi und Verdi Park [117 D3]
Mit seiner ambitionierten Filmauswahl (in Originalfassung) bekannt und erfolgreich. *Verdi, 32, und Torrijo, 49, Metro: Fontana (L3)*

Nick Havanna: Designdisko und Dauerbrenner

KONZERTSÄLE & OPERNHAUS

Flamenco

Barcelona ist seit langer Zeit eine Hochburg des Flamenco

Seit dem späten 19. Jh. gehört Barcelona zu den wichtigsten spanischen Flamencoenklaven. Die Musik kam mit den südspanischen Einwanderern. Bereits in den 20er- und 30er-Jahren feierten die ersten katalanischen Künstler Triumphe, wie die legendäre Tänzerin und *gitana* (Zigeuneri) Carmen Amaya. Die große Einwanderungswelle in den 60er-Jahren belebte die Szene weiter. Heute stehen Katalanen wie Duquende, Mayte Martín oder Carles Benavent an der Spitze einer neuen Musikergeneration, die den Flamenco modernisiert und in die großen Konzertsäle gebracht hat.

KONZERTSÄLE & OPERNHAUS

Auditori de Barcelona (Auditorium) [123 F2]

Das von Rafael Moneo entworfene, 1999 eingeweihte Gebäude neben dem Nationaltheater ist der moderne Mittelpunkt des Konzertlebens. Hier treten internationale Spitzenstars auf, das Symphonieorchester hat hier außerdem seinen Sitz. *Lepant, 150, Tel. 932 47 93 00, www.audi tori.com, Metro: Monumental (L2), Glòries (L1)*

Gran Teatre del Liceu [110 C4]

★ Als das geschichtsträchtige Gebäude an der Rambla 1994 abbrannte, zerstörten die Flammen nicht nur eines der schönsten Opernhäuser Europas: Das Liceu symbolisierte auch Selbstbewusstsein und Kultur der Katalanen, vor allem gegenüber Madrid. So erklärt sich der zügige Wiederaufbau: 1999 wurde die neue Oper eingeweiht. Während der Zuschauerraum in alter Pracht und Herrlich-

keit wiedererstanden ist, gehört die Bühne nun zu den modernsten der Welt. Auch künstlerisch wurde der Musentempel entstaubt: Neben dem traditionellen Repertoire stehen nun auch zeitgenössische Werke und modernes Regietheater auf dem Spielplan. *Rambla 51–59, Tel. 934 85 99 13, www.liceubarcelo na.com, Metro: Liceu (L3)*

Palau de la Música Catalana [111 E3]

★ Auch wenn es schwer fällt, sich bei all der Jugendstilpracht in diesem unvergleichlichen Konzertsaal auf die Musik zu konzentrieren: Das Programm verdient uneingeschränkte Aufmerksamkeit. Über 200 Konzerte finden hier pro Jahr statt, einschließlich internationaler Stargastspiele – von Klassik über Jazz bis hin zu Chanson oder Weltmusik. Ein zweiter, neuer Konzertsaal, entworfen vom Stararchitekten Oscar Tusquets, wurde 2004 eingeweiht. *San Francesc de Paula, 2, Tel. 932 95 72 00, www.palaumusica. org, Metro: Urquinaona (L1, L4)*

AM ABEND

SPIELKASINO

Gran Casino de Barcelona [123 E5]

Im Gebäude des Hotels Arts am Strand des olympischen Dorfs. Restaurant, Diskothek. *Tgl. 13–5 Uhr; Marina, 19, Tel. 932 25 78 78, Metro: Ciutadella (L2)*

THEATER

Barcelona hat sich als Forum neuer und anspruchsvoller Theaterformen längst international profiliert. Die bedeutendsten freien Ensembles Spaniens sind hier zu Hause: das Theater Lliure, Gruppen wie Els Joglars oder La Fura dels Baus. Aber es gibt auch Unterhaltungstheater. Viele Bühnen sind katalanischsprachig. Internationale Gastspiele gibt es vor allem im Mercat de les Flors und im Rahmen des Kulturfestivals *Grec*.

Insider Tipp Mercat de les Flors [121 D–E3]

Zeitgenössisches (Tanz-)Theater auf internationalem Niveau. Im ehemaligen Blumenmarkt wechseln Gastspiele aus aller Welt mit Auftritten einheimischer Künstler. Sehenswert auch die Kuppel über der Eingangshalle. Hier hinterließ Miquel Barceló eine seiner schönsten Malereien. Um den Mercat ist ein riesiger Theaterkomplex entstanden, zu dem auch das neue *Teatre Lliure (Teatre Fabià Puigserver)* im imposanten Palau de la Agricultura gehören und das *Theaterinstitut*. *Lleida, 59, Tel. 934 26 18 75, Metro: Plaça Espanya (L1, L3)*

Teatre Nacional de Catalunya [123 F2]

Das katalanische Nationaltheater, vom Stararchitekten Ricard Bofill gebaut und 1996 eröffnet, wirkt wie eine postmoderne Version der Akropolis. Der Musentempel bietet klassisches und modernes Repertoire. Einige der besten Theaterleute des Landes sind am Haus engagiert. *Plaça de les Arts, 1, Tel. 933 06 57 00, www.tnc.es, Metro: Monumental (L2), Glòries (L1)*

Teatre Nacional de Catalunya, gebaut von Ricard Bofill

STADTSPAZIERGÄNGE

Zu Fuß durch Mittelalter und Moderne

Die Spaziergänge sind in der Karte
auf dem hinteren Umschlag und im Cityatlas
ab Seite 110 grün markiert

1 BUMMEL DURCH DAS RIBERA-VIERTEL

Zwei Stunden zwischen Santa María del Mar, mittelalterlichen Gassen, moderner Kunst und authentischem Altstadtleben. Geben Sie in den Altstadtgassen ganz besonders Acht vor Taschendieben! Und machen Sie den Spaziergang lieber nicht an einem Montag, denn dann ist vieles geschlossen.

Wo sich im Mittelalter Barcelonas Handwerker und Händler in bescheidenen Häusern ansiedelten, finden Sie heute hinter historischen Fassaden Kunsthandwerksläden, Galerien, Gaststätten, Bars. Zwar ist das Ribera-Viertel mit seinen schmalen Gassen und malerischen Torbögen in Mode gekommen – aber dem authentischen Charakter des Wohnviertels konnte das bislang keinen Abbruch tun.

*Durch die engen Gassen
der Altstadt zu schlendern ist
ein sinnliches Vergnügen*

Beginnen Sie den Spaziergang an der *Plaça de l'Àngel (Metro: Jaume I, L4)*, dem alten Weizenumschlagplatz der Stadt. Nehmen Sie die *Carrer Argenteria,* dann die erste Seitenstraße links, die *Carrer Vigatans:* Schon befinden Sie sich mitten im malerischen Gassenlabyrinth der Ribera – und im historischen Zentrum der Textil- und Kunsthandwerksstätten. Die Stadt fördert junge Gestalter, die sich in den mittelalterlichen Gemäuern niederlassen – was die vielen hübschen Läden hier erklärt: in der winzigen *Carrer Esquirol,* die links abgeht, und vor allem in der Straße *Banys Vells,* in die Sie über die *Carrer Grunyi* gelangen. Folgen Sie der Gasse bis zum Ende, dann links in die Straße *Sombrerers*. Vorbei an dem wunderschönen Kolonialwarenladen *Can Gispert (S. 61),* kommen Sie zu einer der bedeutenden Sehenswürdigkeiten des Viertels: der Straße *Montcada* mit ihrem einmaligen Ensemble aus gotischen Palästen, Museen *(Picasso-Museum S. 45),* Galerien – hier lebte ganz offensichtlich die bessere Gesellschaft des Mittelalters.

85

Falls Ihnen nach einer Pause ist: Machen Sie es sich bequem im zauberhaften Patio des *Textil-Cafés (S. 49),* oder nehmen Sie ein Glas Cava oder Wein in der eher rustikalen und meist rappelvollen Champagnerbar *El Xampanyet (S. 51).* Am oberen Ende der Carrer Montcada biegen Sie dann rechts in die Gasse *Gran Cremat,* um auf die Carrer Flassaders zu gelangen. Hier finden Sie bezaubernde Läden hinter historischen Fassaden.

Insider Tipp

Kurz bevor Sie auf den *Passeig del Born* stoßen, liegt rechts eine skurrile (abgeschlossene) Passage: die *Carrer Mosques,* die schmalste Straße der Stadt. Achten Sie auf die kleine Skulptur an der Eckfassade; solch kuriosen Köpfen werden Sie noch einige Male begegnen: Auf diese Weise wies man einst dezent den Weg zu den Bordellen des hafennahen Viertels.

Auf dem Passeig del Born fanden im Mittelalter Reiterspiele und Feste statt, an Wochentagen bauten hier die Hanfschuhmacher ihre Werkbänke auf. Einige sehr schöne Fassaden sind erhalten und restauriert worden. Die Cocktailbars stammen zum Teil noch aus den Anfängen der Barbewegung der 1970er-Jahre – und gehören noch immer zu den gefragtesten der Stadt. Hinter der *Placeta Montcada* erhebt sich die Kirche *Santa María del Mar (S. 27),* der schönste gotische Kirchenbau Barcelonas. Nehmen Sie sich unbedingt die Zeit, einige Momente im Innern zu verweilen!

Wer den Kunstgenuss durch Gaumenfreuden krönen will: Gegenüber an der stimmungsvollen Plaça liegt die Weinstube *La Vinya del Senyor (S. 51).* Wer sich lieber mit katalanischer Geschichte befassen möchte, sollte sich den neu gestalteten Platz neben der Kirche ansehen, mit dem Denkmal *Fossar de les Moreres,* eine Erinnerung an die hier begrabenen Opfer des katalanisch-kastilischen Kriegs, der 1714 mit der Niederlage der Katalanen endete.

Über die malerische *Carrer Anisadeta* geht es weiter in die Straße *Canvis Vells.* Wenn Sie vor der winzigen *Carrer Panses* stehen und genau hinschauen, finden Sie an der Fassade eines Wohnhauses über dem Torbogen wieder einen Männerkopf, der einst den Weg zu Prostituierten wies. Biegen Sie in die *Carrer dels Ases* ein – rechter Hand stoßen Sie auf die schön restaurierte *Plaça de les Olles,* die den Charme vergangener Jahrhunderte bewahrt hat. Das Aroma von frischem Fisch kommt aus der Richtung von *Cal Pep (S. 53).*

Falls Sie der Versuchung widerstehen, halten Sie sich links. Durch die *Carrer Vidriera* und die kurze Straße *Espartería* gelangen Sie in die *Carrer Rec.* In diesem Karree haben eine Reihe hipper Modeläden eröffnet. In der Gasse Vidriera können Sie sich im *Origens 99.9% (S. 50)* mit einem köstlichen katalanischen Imbiss stärken. Am Ende der Gasse blicken Sie auf den prachtvollen, palastähnlichen Bahnhof Estació de França, von wo aus 1848 erstmals in Spanien eine Dampflok fuhr – ein Blick in die Wartehalle aus Marmor, Stahl und Kristall lohnt sich!

Insider Tipp

Gehen Sie die Straße Rec zurück, bis Sie wieder auf den Passeig del Born stoßen. Diesmal halten Sie sich rechts, auf den *Mercat del Born* zu: Er ist eine der schönsten Markthallen der Stadt (aus dem 19. Jh.); bald soll hier die städtische Bibliothek ein-

STADTSPAZIERGÄNGE

Hofmann – hier herrscht die hohe Schule feiner Küche

ziehen. Um die Halle herum liegen hübsche Szenecafés und einige In-bars; am Wochenende ist hier zu später Stunde kein Durchkommen mehr möglich.

Sie folgen nun der *Carrer Commerç* bis zur Straße *Princesa,* biegen nach links und gleich wieder nach rechts, in die typische Altstadtgasse *Assaonadors*. Nach kurzer Zeit stehen Sie auf der *Placeta d'en Marcús*. Die kleine Kapelle des Platzes gehört zu den wenigen erhaltenen romanischen Baudenkmälern Barcelonas. Die *Carrer Corders* (Straße der Seiler) erweitert sich zu einem kleinen, mittelalterlich anmutenden Platz, der *Plaça de la Llana,* wo einst der Wollmarkt stattfand.

Die *Carrer de Bòria* bringt Sie zurück zur Plaça de l'Àngel. Sollten Sie noch hungrig sein: Die Straße *Argenteria* mit den empfehlenswerten Restaurants *Senyor Parellada (S. 57)* und *Hofmann (S. 52)* liegt ganz in Ihrer Nähe!

2 SPAZIERGANG DURCHS GOTISCHE VIERTEL

In zwei Stunden erkunden Sie die romanischen und gotischen Ursprünge der Stadt und eines ihrer lebendigsten Viertel. In den Altstadtgassen unbedingt Vorsicht vor Taschendieben!

Beginnen Sie den Rundgang an der *Plaça de l'Àngel (Metro: Jaume I, L4)*. Von hier aus sehen Sie einen guten Teil der frühen römischen Stadtmauern, vor allem entlang der Straße Tapineria und am Platz Ramón Berenguer el Gran. Innerhalb dieses Walls lag die von Augustus zu Beginn unserer Zeitrechnung gegründete Siedlung Barcino – Sie sind hier also im ältesten Teil Barcelonas. Biegen Sie links in die *Baix Canonja*: Schon stehen Sie auf der *Plaça de la Seu* und direkt vor der gotischen *Kathedrale (S. 25)* mit ihrem bezaubernden und unbedingt sehenswer-

87

ten Kreuzgang. Auf der Südseite des Platzes de la Seu liegt die *Casa de l'Ardiaca,* das Haus des Erzdiakons: ein Bau aus dem 12. Jh., renoviert im 15. Jh., heute Sitz des Stadtarchivs. Schauen Sie sich den idyllischen Innenhof an samt gotischem Brunnen. Der schöne Marmorbriefkasten am Eingang (Carrer del Bisbe) stammt vom Jugendstilarchitekten Lluís Domènech i Montaner. Rechts von der Kathedrale befindet sich der *Bischofspalast* (13. und 14. Jh.). Ein paar Schritte weiter taucht die *Plaça Nova* auf. Auf dem Platz, auf dem noch Reste der römischen Stadtmauer sichtbar sind, fanden im Mittelalter Hinrichtungen und Sklavenmärkte statt.

Über die Carrer dels Comtes gelangen Sie in den ehemaligen Garten des Königlichen Palastes *(Palau Reial)* und das *Museu Frederic Marès (S. 44),* und dann weiter zur ==Plaça del Rei,== dem schönsten historischen Platz der Stadt (nicht zu verwechseln mit der Plaça Reial!), ein einmaliges bauliches Ensemble. Der *Palau Reial Mayor,* der Königspalast mit seinem großen gotischen Festsaal *Saló del Tinell* und dem imposanten Wachturm, dem *Mirador del Rei Martí* (eine Art mittelalterlichem Hochhaus), dazu der benachbarte *Palau del Lloctinent* (Palast des Stellvertreters, gotische Fassade, Innenhof aus der Renaissance) und die kleine gotische Kapelle *Santa Àgata* (14. Jh.) bilden eine großartige Kulisse, besonders in der Abendsonne. Besonders ist auch die Akustik – im Sommer finden hier interessante Konzerte statt.

Im Festsaal des Königspalastes *Saló del Tinell* (14. Jh.) empfingen die spanischen Könige Kolumbus nach seiner Rückkehr aus Amerika.

Und hier saß im 15. Jh. die Inquisition zu Gericht – die als Ketzer Verurteilten wurden gleich unten auf dem Platz verbrannt. Ins Innere des Palastes kommen Sie durch das *Stadtgeschichtliche Museum (S. 44)* am anderen Ende der Plaça del Rei. In der *Carrer Llibretería,* auf dem Weg zur Plaça de Sant Jaume, sollten Sie sich Zeit nehmen für eine Stärkung im winzig-urigen *Mesón del Café (S. 49).* Ein paar Schritte weiter lockt knusprig-frisches Gebäck aus dem über hundertjährigen Ofen des *Forn de Sant Jordi,* einer bezaubernden alten Bäckerei. Wer der süßen Versuchung unbedingt widerstehen will, kann sich im malerischen Kerzenladen *Subirá (S. 64)* von den leiblichen Genüssen ablenken.

Lassen Sie die legendäre *Plaça de Sant Jaume (S. 32)* mit dem katalanischen Regierungssitz *Palau de la Generalitat (S. 32)* und dem *Rathaus (S. 33)* hinter sich. In der *Carrer del Bisbe* erwartet Sie ein weiteres Werk gotischer Baukunst: die *Casa dels Canonges,* das Domherrenhaus, durch ein Art Seufzerbrücke (von 1926) verbunden mit dem Regierungssitz, dem Palau de la Generalitat. Gehen Sie links in die kleine Gasse St. Sever und weiter zur hübschen *Plaça de Sant Felip Neri (S. 32)* mit dem *Schuhmuseum (S. 44).*

Die angrenzenden Straßen *Carrer dels Banys Nous* und *Carrer de la Palla* sind nicht nur unbedingt sehenswert wegen ihrer herrlichen Antiquitätenläden. Die Gassen führen auch ins ehemalige jüdische Viertel El Call, das vom 12. bis 14. Jh. seine Blütezeit erlebte. Das Gebiet zwischen Carrer dels Banys Nous, Baixada Santa Eulàlia und Carrer Ferrán galt in dieser Zeit als geistiges

Insider Tipp

STADTSPAZIERGÄNGE

Besonders einladend: die Plaça del Pi im Gotischen Viertel

und kulturelles Zentrum. Die jüdische Universität war damals die einzige höhere Bildungseinrichtung Barcelonas. Von den drei Synagogen des Viertels ist keine erhalten. Die im 14. Jh. aufkommende Progromstimmung entlud sich 1391 in einem Überfall, bei dem mehr als tausend Juden getötet wurden. Wer überlebte, musste fliehen oder zum Christentum konvertieren. 1401 ebnete man alle jüdischen Synagogen und Friedhöfe ein.

In der Carrer de la Palla können Sie eine stimmungsvolle Erholungspause einlegen in den Kellergewölben des Lokals *Caelum (S. 61)*, mit Blick auf Reste der römischen Stadtmauer. Wer lieber im Freien sitzt und schaut, kommt auf den bezaubernden Altstadtplätzen *Plaça del Pi (S. 32)* und *Plaça de Sant Josep Oriol (S. 32)* auf seine Kosten. In der *Bar del Pi (S. 48)* ist es auch bei schlechtem Wetter gemütlich.

Beenden Sie den Rundgang durchs Gotische Viertel in der hübschen *Carrer Petrixol*: *Xocolateríes* (Läden, die feine Schokoladenwaren und Pralinen verkaufen), *granjes* (Milchbars, in denen es meist auch Kaffee, Kuchen und Croissants gibt) sowie Galerien haben die kleine Gasse groß gemacht. An der Xocolatería *Xocoa (S. 50)* kommt man trotz guter Vorsätze meistens nicht ohne einen kurzen Zwischenaufenthalt vorbei. In der ehemaligen Textilwerkstatt im Haus Nr. 10 verdiente sich die weltberühmte Operndiva Montserrat Caballé in jungen Jahren als Taschentuchschneiderin ihren Lebensunterhalt.

Wenn Sie die süße Gasse gestärkt verlassen und rechts in die *Carrer Portaferrissa* einbiegen, liegt vor Ihnen eine der beliebtesten (und teuersten) Shoppingmeilen der Stadt. Linker Hand stoßen Sie nach ein paar Schritten auf die Rambla.

89

AUSFLÜGE & TOUREN

Cava, Klöster und Dalí

Berühmte Kunst- und herrliche Bauwerke, geistige Getränke und ein Badestrand

AUF DEN SPUREN SALVADOR DALÍS

Dieser zweitägige Ausflug ins »Dalí-Dreieck« zwischen Púbol [127 F2], Figueres [127 E2] und Port Lligat [127 F2] ist eine unvergessliche Pilgerfahrt für alle Dalí-Fans. Figueres und Púbol sind auch als Tagestour möglich. Púbol erreichen Sie über die Autobahn A 7. Nach ca. 100 km Richtung Norden Ausfahrt Girona Nord, dann die C-66 Richtung Palamós. Nach Figueres führt die A 7 Richtung Norden (140 km ab Barcelona). Von Figueres nach Port Lligat über die C-260, kurz vor Roses die Bergstraße nach Cadaqués. Achtung: Die Strecke (ca. 40 km) ist extrem kurvenreich, rechnen Sie mit mindestens 1 Std. Fahrtzeit. Von Barcelona (Bahnhof Sants) verkehren Züge nach Figueres. Púbol liegt ca. 4 km von der Bahnstation Flaçá entfernt. Nicht vergessen: Badesachen. Infos: www.salvador-dali.org

Barcelona am nächsten liegt das mittelalterliche *Schlösschen Púbol,*

Das Museum in Figueres ist ein Muss für Dalí-Interessierte

(Casa-Museu Castell Dalí 15. März bis 14. Juni und 16. Sept.–1. Nov. Di–So 10.30–17.15 Uhr; 15. Juni bis 15. Sept. tgl. 10.30–19.15 Uhr; 2. Nov.–31. Dez. Di–Sa 10.30 bis 16.15 Uhr, Eintritt 6 Euro), das das exzentrische Malergenie für seine Muse Gala einrichtete. In dem Palais sind Möbel, Objekte, Bilder, Zeichnungen und andere Geschenke des Meisters an seine extravagante Frau zu sehen, dazu ein bizarrer Garten samt spinnenbeinigen Elefantenskulpturen und als Clou die Kleidersammlung der Diva.

Wichtigste Station der Tour ist *Figueres* mit dem ★ *Teatre-Museu Dalí (Juli–Sept. tgl. 9–19.15 Uhr, Okt.–Juni Di–So 10.30–17.15 Uhr, Eintritt 10 Euro, August auch 22 bis 1 Uhr nach Voranmeldung* unter Tel. 972 67 75 00, *da max. 500 Personen, Eintritt 12 Euro inkl. Drink),* einem der meistbesuchten Museen Spaniens. Der weltberühmte Künstler und Exzentriker Salvador Dalí (1904–89) wurde in Figueres geboren. In dem ehemaligen Theater schuf sich Dalí selbst ein Denkmal – ein gigantisches Gesamtkunstwerk. Das von Betoneiern gekröntes Gebäude birgt das ganze phantastische Universum des Surrealisten. Dass Dalí sich hier hat beisetzen

Insider Tipp

lassen, trug enorm zum Kultcharakter des Museums bei.

Wenn Sie die Tour nach *Port Lligat* fortsetzen, erwartet Sie die gewaltige Naturlandschaft der nördlichen Costa Brava, mit steil ins Meer abfallenden, oft wild zerklüfteten Felswänden, die sich immer wieder zu verträumten Buchten öffnen. Am schönsten übernachten lässt es sich im malerischen Küstenort *Cadaqués* **[127 F2]** mit weiß gekalkten Häusern, romantischen Treppengassen, idyllischen Plätzen und Terrassen. Sein einträgliches Image als Künstlertreff verschafften illustre Stammgäste wie Dalí, Picasso, García Lorca, Man Ray oder Magritte dem Ort. Bis heute gilt Cadaqués mit seinen Galerien, Cafés und Museen als Ferienort, der anders ist. Gut und für den gebotenen Komfort günstig wohnen Sie im *Blau Mar (27 Zi., Massa D'Or, 21, Tel. 972 15 90 20, Fax 972 15 93 36, www.hotelblau mar.com, €)* mit Pool und Panoramablick auf Bucht und Ort.

Dalís Residenz im benachbarten Port Lligat (ca. 1 km, 10 Min. zu Fuß, *Casa Museu Dalí, 15. März bis 14. Juni und 16. Sept.–6. Jan. Di bis So 10.30–17.10 Uhr, 15. Juni–15. Sept. tgl. 10.30–20.10 Uhr, Eintritt 8 Euro. Achtung: begrenzte Besucherzahl, unbedingt spätestens drei, im Sommer sechs Tage vorher reservieren, Tel. 972 25 10 15, Fax 972 25 10 83, pllgrups@dali-estate. org)* liegt abgeschieden an einer kleinen Bucht zwischen Fischerbooten und Olivenhainen. Hier finden Sie Landschaft und Licht, die den Künstler inspirierten. In dem labyrinthischen Komplex aus sechs Fischerhütten richteten sich Dalí und Gala zwischen den 1930er- und 60er-Jahren ein. Zu sehen sind Dalís Atelier, Privaträume, die Bibliothek und ein bizarrer Garten.

Nicht versäumen sollten Sie einen Abstecher in die bizarre Mondlandschaft des Naturparks *Cap de Creus*. Ca. 10 km von Port Lligat liegt die Ostspitze Spaniens, mit Leuchtturm und dem *Restaurant Cap de Creus (tgl. 12.30–22 Uhr, Nov.–März evtl. früher geschlossen, Tel. 972 19 90 05, www.cbrava. com/restcap.es.htm, €€)*. Die Panoramaterrasse bietet einen atemberaubenden Blick über die Küste.

Inside Tipp

KATALANISCHE KLOSTERTOUR

Dieser Ausflug führt Sie zu den schönsten und berühmtesten Klöstern in der Umgebung von Barcelona. Santes Creus **[126 A5]** und Poblet **[126 A5]** liegen nur ca. 30 km voneinander entfernt und sind mit dem Auto in einer guten Stunde von Barcelona aus zu erreichen: Santes Creus über die Autobahn A 2, Abfahrt Nr. 11, Valls Vilarodona, Poblet über die A 2, Abfahrt Montblanc. Ins ca. 100 km entfernte Poblet können Sie auch mit dem Zug fahren: vom Bahnhof Sants in Richtung Lleida, aussteigen in L'Espluga de Francolí, 2 km vom Kloster entfernt. Nach Montserrat **[126 B4]**, ca. 60 km westlich von Barcelona, gelangen Sie über die Autobahn A 2, Abfahrt Martorell, dann die Nationalstraße N II bis zur Abzweigung Montserrat. Oder mit der Bahn ab Plaça Espanya, Richtung Manresa. An der Station Aeri de Montserrat umsteigen in die Schwebebahn (ca. 1 ½ Std.).

AUSFLÜGE & TOUREN

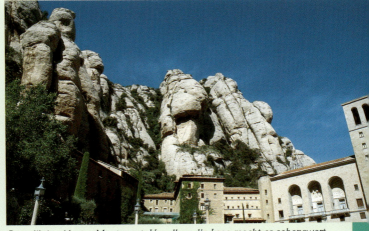

Benediktinerkloster Montserrat: Vor allem die Lage macht es sehenswert

Das 1158 gegründete *Zisterzienserkloster de Santes Creus (Di bis So 10–13 und 15–18, im Winter bis 17 Uhr, Eintritt 3,60 Euro)* gilt als eines der schönsten seiner Art in Katalonien. Eingebettet in die liebliche Hügellandschaft der Provinz Tarragona, blieb Santes Creus bislang vom lärmenden Ausflugsbetrieb weitgehend verschont. Sehenswert sind die Klosterkirche aus dem 12./13. Jh., der kunstvoll gestaltete gotische Kreuzgang (14. Jh.) und der riesige Schlafsaal.

Nicht unbedingt schöner, dafür aber eines der bedeutendsten Klöster Spaniens ist das *Monestir Santa María de Poblet (Führungen alle 20 Min. tgl. 10–12.45 und 15–18, im Winter bis 17.30 Uhr, Eintritt 5 Euro)*, von der Unesco zum Welterbe der Menschheit erklärt. Hinter 1,5 km Festungsmauer liegen Türme, Tore, Gebäude, Plätze – eine ganze Klosterstadt. 1150 von den Zisterziensern im Zeichen des Sieges über die Mauren gegründet, war das Kloster ein Zentrum katalanischer Macht und besaß zu seiner Blütezeit im 14. Jh. über 60 Dörfer.

Wer vor Touristenrummel mit Bars, Souvenirshops, Hotel und Restaurant nicht zurückschreckt, sollte sich das *Benediktinerkloster von Montserrat (tgl. 9–20, im Winter bis 17.45 Uhr, Schwarze Madonna 8–10.30 und 12–18.30 Uhr, Juli–Sept. 19.30–20.15 Uhr, www.abadiamontserrat.net)* anschauen. Vor allem wegen seiner geschichtlichen Bedeutung – im Mittelalter war das Kloster geistiges Zentrum, während der Franco-Diktatur ein Hort des Widerstands. Die um 880 gegründete Anlage wurde in den napoleonischen Kriegen zerstört. Zwar sind die neuen Gebäude keine architektonischen Glanzleistungen, aber die Besuchermassen strömen ohnehin eher wegen der *Moreneta* hierher: der Statue der schwarzen Madonna (12. Jh.), Schutzpatronin Kataloniens, die hinter dem Hochaltar thront. Ihr zu

93

Ehren werden täglich von rund 50 Chorknaben gregorianische Gesänge angestimmt *(Mo–Sa 13 und 19.15, So 12 Uhr)*. Doch allein die phantastische Naturkulisse lohnt den Weg. Das Kloster steht auf einem bizarr zerklüfteten Felsmassiv, das seinem Namen alle Ehre macht: Montserrat heißt »zersägter Berg«.

AUF BACCHUS' SPUREN INS PENEDÈS

Dieser Ausflug führt Sie durch schöne Landschaft zu hervorragenden Kellereien. Das 32 km entfernte Städtchen Sant Sadurní d'Anoia [126 B5] erreicht man in 30 Min. über die Autobahn A 7 Richtung Tarragona, Ausfahrt 27, oder per Zug ab Bahnhof Sants. Vilafranca del Penedès [126 B5] liegt 16 km südlich (Ausfahrt 28) und ist vom Bahnhof Sants bequem erreichbar. Kellereibesuche rechtzeitig reservieren!

Wollen Sie einen Ausflug in reizvolle Natur mit dem Besuch der einen oder anderen Bodega verbinden, sind Sie im Weingebiet Penedès genau richtig. Mit ihrer sanften Hügellandschaft erinnert die Gegend an die Toskana. Weinkennern sind vor allem die hochwertigen Weißweine (leicht und fruchtig) aus dem Penedès ein Begriff. Die Tradition reicht zurück bis zu den Griechen, die hier die ersten Weinstöcke kultivierten. Im Mittelalter pflegten und tranken dann die Mönche den edlen Rebsaft. Zu dieser Zeit bereits bedeutend war der Hauptort der Weinbauregion, *Vilafranca del Penedès*. Sehenswert sind die Basilika *Santa María* und der gotische Königspalast *Palau Rei-al*, in dem das *Museu del Vi (Plaça Jaume, 1, Juni–Aug. Di–Sa 9–21 Uhr, So 10–14 Uhr, Sept.–Mai Di bis Sa 10–14 und 16–19, Eintritt 3 Euro)* untergebracht ist: ein lebendig gestaltetes Museum rund um die Weinkultur. Die Besichtigung endet mit einer Weinprobe in den Gewölben des Königspalastes.

Führende Kellerei der Gegend ist das Familienunternehmen *Bodegas Miguel Torres (Führungen mit Videoshow, Bummelzugfahrt durchs Weingut, Degustation Mo–Fr 9–17 Uhr, Sa 9–18 Uhr, So 9–13 Uhr, im Besucherzentrum in Pacs del Penedés, 4 km von Vilafranca entfernt, nur per Auto zu erreichen. Taxi vom Bahnhof Vilafranca ca. 10 Euro. Reservierung mindestens eine Woche vorher empfohlen, Tel. 938 17 74 87, www.torres.es)*. Die teils hoch prämierten Weine und Brandys werden in über 80 Länder exportiert.

16 km nördlich von Vilafranca liegt das Städtchen *Sant Sadurní d'Anoia*, Metropole des katalanischen Schaumweins *cava*. Hier gibt es gleich mehrere Dutzend Cava-Bodegas – wobei gerade die kleineren Betriebe oft köstliche Überraschungen bieten. Unter den Großen besonders sehenswert ist die älteste katalanische Kellerei *Caves Codorníu* (Inside-Tipp) *(Mo–Fr 9–17, Sa und So 9–1 Uhr, Av. Codorníu, einige Tage vorher reservieren, Tel. 938 91 33 42, www.codorniu.es)* mit den prächtigen Jugendstilbauten des Architekten Josep Puig i Cadafalch. Gleich neben dem Bahnhof finden Sie das weltbekannte Haus *Caves Freixenet (Führungen Mo–Do 11, 12, 13, 16, 17 Uhr, Fr–So 11, 12, 13 Uhr, auch ohne Reservierung, Joan Sala, 2, www.freixenet.es)*. Am Schluss einer Führung knallen meist die Korken.

AUSFLÜGE & TOUREN

Caves Codorníu: Die älteste spanische Kellerei ist ein Nationalmonument

BADEN IN SITGES

Schöne Strände und interessante Museen bietet Sitges [126 B6], etwa 40 km südlich von Barcelona. Es ist über die A 16 in weniger als einer halben Stunde zu erreichen. Die landschaftlich reizvollere Küstenstraße C-246 ist kurvenreich, die Fahrt dauert entsprechend länger. Züge fahren regelmäßig vom Bahnhof Sants am Meer entlang (30 Min.).

Der Badeort hat etwas vom Fin-de-Siècle-Flair des 19. Jhs. bewahrt, trotz der vielen Touristen, die Sitges vor allem im Sommer überschwemmen. Neben schönen Sandstränden und insgesamt acht gepflegten Badebuchten entlang der 2,5 km langen Strandpromenade bietet er eine hübsche Altstadt: gepflasterte Gassen und weiße, mit Kacheln geschmückte Häuser. Sehenswert ist das kuriose *Museu Cau Ferrat (15. Juni–Sept. Di–Sa 10–14 und 16–19 Uhr, Okt.–14. Juni Di–Sa 9.30–14 und 15.30–18.30 Uhr, So ganzjährig 10–15 Uhr, Fonollar, Eintritt 3,50 Euro)* neben der Barockkirche. Hier wohnte einst der Jugendstilmaler, Dichter und Bohemien Santiago Rusiñol, der Sitges ab 1891 für sich und seine Freunde, darunter Picasso, entdeckte. Ihm verdankt das elegante Seebad seinen Ruf als Künstlerkolonie. Im Museum sind phantastisches schmiedeeisernes Kunsthandwerk zu sehen, Keramik und Gemälde, u. a. von El Greco und Picasso. Gleich nebenan liegt das *Museu Maricel (Öffnungszeiten und Eintritt wie Museu Cau Ferrat)*, untergebracht in einem Gebäude aus dem 14. Jh., mit Kunstwerken von der Romanik bis zur Moderne.

Im Oktober findet in Sitges das Internationale *Festival des Phantastischen Films* statt, im Juni kommen Künstler aus ganz Europa zum *Internationalen Theaterfestival*. Der Kultur- und Badeort ist außerdem eine Art europäischer Ferienmetropole für die internationale Gayszene.

95

Angesagt!

**Events, Meetings und Aktionen,
die Sie kennen und nicht verpassen sollten!**

Coole   **[123 D–F 6,**
Strandpartys   **124–125 A–D 5]**
Viele Strandkneipen zwischen Barceloneta und Nova Mar Bella locken Barcelonas Nachtschwärmer in lauen Sommernächten (vor allem am Wochenende) mit Partys, Livemusik, angesagten DJs und Drinks auf ihre Liegestühle. Ab ca. 23 bis 2 Uhr. Später oft spontane After-Partys am Strand von Nova Mar Bella. *Metro: Barceloneta bis Poble Nou (L4)*

**Nationaltanz
zum Anfassen**   **[111 D–E4]**
Wenn vor Barcelonas Kathedrale plötzlich Leute ihre Taschen und Tüten zu einem Haufen türmen, sich darum im Kreis aufstellen und einander an den Händen fassen, dann bahnt sich da kein Ringelreigen für Erwachsene an, sondern eine *sardana*. Für Katalanen ist sie mehr als ein Tanz, nämlich Ausdruck von Zusammengehörigkeit und Stärke. Während der Diktatur verboten, gehört die *sardana* heute wieder zur Alltagskultur der Stadt: Jung und Alt tanzen komplizierte Schrittkombinationen, die Uneingeweihten oft ein Rätsel bleiben. Falls Sie sich trauen: Der Kreis ist für alle offen! *Plaça de la Seu, Sa ab 18, So ab 12 Uhr (außer an Feiertagen), Metro: Jaume I (L4)*

Nachtschwärmer auf Rollen
Die zurzeit gefragtesten nächtlichen Skatertreffs: jeden Freitag und Samstag gegen 21.30 Uhr vor der Disko *Baja Beach* **[123 E6]**, *Passeig Marítimo, 25, Metro: Vila Olímpica, L4*, oder jeden Freitag um 22.30 Uhr am Eingang unter dem Busbahnhof *Estació del Nord* **[123 E3]**, *beim Polizeirevier, Metro: Arc del Triomf (L1)*. Skaterverleih im Laden *Icària Sports* **[124 A5]**, *Di–Sa 11 bis 13 und Mo–Sa 17–21 Uhr, Icària 180, Metro: Vila Olímpica (L4)*. Infos und Routen für Skater: *www.inlineonline.com* und *www.barcelonainline.net*.

Spaßtouren   **[110 C4]**
Die *Bar Travel (Boqueria, 27, Tel. 933 42 52 52)* ist Anlaufstelle für ein erlebnisfreudiges jüngeres Publikum: Von hier geht's los zu Tapas- und Weintouren, Bar Crawls (Zug durch angesagte Kneipen), Fahrradtouren durch die Altstadt zum Strand inkl. Essen und Drinks, Kajak, Karting, Fit- und Wellness u. a. (*www.barcelonatours.net*).

PRAKTISCHE HINWEISE

Von Anreise bis Zoll

Hier finden sie kurz gefasst die wichtigsten Adressen und Informationen für Ihre Barcelona-Reise

ANREISE

Die Flugpreise schwanken erheblich; mit Glück finden Sie Tickets ab 125 Euro. Die Flugdauer beträgt ab Frankfurt/Main ca. zwei Stunden.

Am besten und bequemsten kommen Sie mit dem Aerobus ins Zentrum; er pendelt im 15.-Min.-Takt zwischen Flughafen und Plaça Catalunya (über Bahnhof Sants und Plaça Espanya). Abfahrten 5.30 (Sa, So 6) bis 0.15 Uhr ab Plaça de Catalunya und 6 (Sa, So 6.30) bis 1 Uhr ab Flughafen (3,75 Euro, Fahrtdauer ca. 30 bis 45 Minuten). Von 22.55 bis 3.50 Uhr pendelt die Buslinie 106 alle anderthalb Stunden zwischen Plaça Espanya und Flughafen. Ein Taxi kostet mindestens 25 Euro. Flughafenzuschlag 3 Euro.

Per Bahn gibt es Direktverbindungen von Paris, Mailand und Zürich. Mit dem Wagen führt die Hauptroute bei Ceret/La Junquera über die französisch-spanische Grenze. Die katalanischen Autobahnen sind gut ausgebaut, die Gebühren aber saftig!

AUSKUNFT VOR DER REISE

Spanisches Fremdenverkehrsamt
– *Kurfürstendamm 63, 10707 Berlin, Tel. 030/882 65 43, Fax 882 66 61, www.spain.info*

– *Myliusstr. 14, 60323 Frankfurt, Tel. 069/72 50 33, Fax 72 53 13*
– *Walfischgasse 8, Tür 14, 1010 Wien, Tel. 01/512 95 80, Fax 512 95 81*
– *Seefeldstr. 19, 8008 Zürich, Tel. 44/253 60 50, Fax 252 62 04*

AUSKUNFT IN BARCELONA

Stadt Barcelona
Zu praktischen Fragen aller Art kompetente Auskunft unter *Tel. 010* (auch in Englisch).

Turisme de Barcelona/ Städtisches Fremdenverkehrsamt
Allgemeine Auskunft, Hotelreservierung, Geldwechsel, Geschenkboutique. *Tgl. 9–21 Uhr,* **[111 D2]** *unter der Plaça Catalunya, Eingang gegenüber Kaufhaus Corte Inglés, Tel. 932 85 38 34, www.barcelonaturisme.com, Metro: Catalunya (L1, L3)*
– **[115 D5]** *Hauptbahnhof Barcelona-Sants, Mo–Fr 8–20 Uhr, Sa und So 8–14 Uhr (im Sommer bis 20 Uhr), Metro: Sants Estació (L3, L5)*
– **[111 D4]** *Plaça Sant Jaume, Mo bis Fr 9–20, Sa 10–20, So 10–14 Uhr, Metro: Jaume I (L4)*
– *Flughafen Barcelona tgl. 9–21 Uhr*

Fremdenverkehrsamt der katalanischen Regierung
[116 C5] *Passeig de Gràcia, 107, Palau Robert, Tel. 932 38 40 00, Fax 932 38 40 10, www.gencat.net/*

probert, Mo–Sa 10–19 Uhr, So 10 bis 14 Uhr (im Sommer bis 20.30 Uhr), Metro: Diagonal (L3, L5)

BANKEN & KREDITKARTEN

Die meisten Banken und Sparkassen sind werktags von 8 bis 14 Uhr geöffnet, einige auch samstags bis 13 Uhr (nicht im Juli und August!). Die Sparkassen (caixas) öffnen zusätzlich donnerstags von 16.30 bis 19.45 Uhr. Rund um die Uhr bekommen Sie mit EC-Karte und gängigen Kreditkarten Bargeld an den vielen Automaten. Bezahlen können Sie in nahezu allen Geschäften, Restaurants und Hotels mit gängigen Kreditkarten, nicht aber mit EC-Karte. Falls Sie Ihre Kreditkarte sperren lassen müssen, rufen Sie folgende Nummern an: allgemeiner Sperrnotruf: Tel. 00 49 11 61 16, Visa: Tel. 900 99 11 24; Euro- und Mastercard: Tel. 900 97 12 31

DIPLOMATISCHE VERTRETUNGEN

Generalkonsulat der Bundesrepublik Deutschland [116 C5] Passeig de Gràcia, 111, Tel. 932 92 10 00, Metro: Diagonal (L3, L5)

Österreichisches Konsulat [116 B4] Provisorisch untergebracht in der Österreichischen Handelskammer, Balmes, 200, Tel. 932 92 23 78, Metro: Diagonal (L3, L5), für Notfälle auch über die Botschaft in Madrid, Tel. 915 56 53 15

Schweizerisches Konsulat [114 C3] Gran Via de Carles III, 94, Tel. 934 09 06 50, Metro: Maria Cristina (L3)

EINREISE

EU-Bürger benötigen lediglich einen Personalausweis, ebenso Schweizer, die nicht länger als drei Monate in Spanien bleiben.

FUNDBÜRO

Oficina de Troballes [111 D4] Wenn Sie Ausweispapiere vermissen, rufen Sie Tel. 010 (Information) an. Handelt es sich um verlorene Gegenstände, gehen Sie direkt ins Fundbüro: Mo–Fr 9–14 Uhr, Ciudad, 9, Metro: Jaume I (L4)

GESUNDHEIT

EU-Bürger haben durch das europäische Sozialversicherungsabkommen Krankenversicherungsschutz. Seit 2005 gilt der Auslandskrankenschein E 111 nicht mehr. Bitte informieren Sie sich bei Ihrer Krankenkasse über den neuen Versicherungsschutz, die Europäische Krankenversichertenkarte EHIC. Allerdings sind Sie besser beraten mit einer Auslandskrankenversicherung. Als Privatpatient werden Sie schneller und umfassender behandelt und können sich die Rechnung später erstatten lassen.

Adressen Deutsch sprechender Ärzte, die privat behandeln, erfahren Sie bei Ihrem Konsulat. Medizinische Notdienste zur Erstversorgung (Centros de Asistencia Primaria) gibt es in allen Stadtteilen. Fragen Sie nach unter Tel. 010.

HAFENRUNDFAHRT

Durch Barcelonas alten Hafen oder zu den Anlagen des Forums der Weltkulturen kommen Sie an Bord

PRAKTISCHE HINWEISE

der *golondrinas*, die hinter dem Kolumbus-Denkmal **[110 B6]** ablegen *(Metro: Drassanes, L3). Informationen Tel. 934 42 31 06, www. lasgolondrinas.com*

INTERNET

www.barcelonaturisme.com (Fremdenverkehrsamt), *www.bcn.es* (Stadt Barcelona), *www.gencat.net/pro bert* (Fremdenverkehrsamt der katalanischen Regierung), *www.barce lona-online.com* (Touristeninformation, Unterkunft, Last-Minute-Angebote, Infos, umfassender Service)

INTERNETCAFÉS

EasyEverything
Internetversion des Multis Easy Jet: groß, ungemütlich, aber technisch hochgerüstet. *Tgl. 8–2 Uhr, Ronda Universitat, 35* **[110 C1]***, Metro:*

Universitat (L2), Rambla, 31 **[110 C4]***, Metro: Liceu (L3), www. easyeverything.com*

Travel Bar **[122 B3]**
Mehr als Internet: Café und Kulturtreff, der vor allem bei jüngeren Weltenbummlern beliebt ist. Infobörse für Trends, praktische Tipps, Kontakte oder Events in Barcelona. *9–2 Uhr, Boquería, 27, Tel. 933 42 52 52, www.travelbar.com, Metro: Liceu (L3)*

**BCNET Internet
Gallery Café** **[111 E4]**
Hier finden Sie eine originelle Mischung aus Cyberspace, Kunstraum und Kneipe, untergebracht in einem Bürgerhaus. Surfen bei klassischer Musik oder Jazz. *Mo–Fr 10 bis 22 Uhr, Sa und So 13–22 Uhr, Barra de Ferro, 3, Tel. 932 68 15 07, Metro: Jaume I (L4)*

www.marcopolo.de

Im Internet auf Reisen gehen

Mit über 10 000 Tipps zu den beliebtesten Reisezielen ist MARCO POLO auch im Internet vertreten. Sie wollen nach Paris, auf die Kanaren oder ins australische Outback? Per Mausklick erfahren Sie unter www.marcopolo.de Wissenswertes über Ihr Reiseziel. Zusätzlich zu den Informationen aus den Reiseführern bieten wir Ihnen online:

- das *Reise Journal* mit aktuellen News, Artikeln, Reportagen
- den *Reise Service* mit Routenplaner, Währungsrechner und Compact Guides
- den *Reise Markt* mit Angeboten unserer Partner rund um das Thema Urlaub

Es lohnt sich vorbeizuschauen: Wöchentlich aktualisiert, gibt es immer wieder Neues zu entdecken. Bleiben Sie auf dem Laufenden mit unserem E-Mail-Newsletter, den Sie kostenlos abonnieren können!

NOTRUF

Nationaler Notruf: *Tel. 112*
Örtliche Nummern: Polizei *Tel. 091 oder 092*, Feuerwehr *Tel. 080*, Notarzt *Tel. 061*

ÖFFENTLICHE VERKEHRSMITTEL

Billig und schnell bewegen Sie sich mit der Metro fort: Mo–Do sowie So und an Feiertagen von 5 bis 24 Uhr, Fr und Sa bis 2 Uhr. Eine Einzelfahrt kostet 1,20 Euro, eine Zehnerkarte (T10) 6,65 Euro, wobei Sie zwischen den verschiedenen Metrolinien, Bus, Nachtbus (Nit Bus) und der Vorortbahn FGC umsteigen können (Tageskarte 5 Euro, Zweitagekarte 9,20 Euro, Dreitagekarte 13,20 Euro). Inzwischen haben die Bushaltestellen übersichtliche Fahrpläne, sodass Sie auch gut per Autobus weiterkommen – zumindest außerhalb der Rushhour.

Von der U-Bahnstation Paral·lel (L3) führt eine Drahtseilbahn *(Funicular de Montjuïc)* zur Avinguda de Miramar und von dort eine Seilbahn zur Festung Montjuïc *(Herbst und Winter 9–20 Uhr, Frühling und Sommer 9–22 Uhr)*. Von der Mole am Alten Hafen bis zum Montjuïc verkehrt eine Schwebebahn *(Transbordador del Port)*. Auf den Tibidabo gelangen Sie mit der Museumsstraßenbahn *Tramvía Blau*, Abfahrt Metrostation Av. Tibidabo *(24. Juni–11. Sept. tgl. 10–20 Uhr, 8.–17. April tgl. 10–18 Uhr, sonst Sa und So 10–18 Uhr)*, von der aus Sie in die Drahtseilbahn umsteigen, in den *Funicular del Tibidabo*. Infos: *Tel. 010* oder in der *Metrostation Universitat, Tel. 933 18 70 74, www.tmb.net*.

Wetter in Barcelona

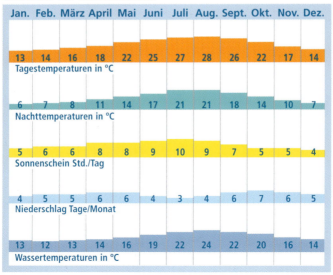

	Jan.	Feb.	März	April	Mai	Juni	Juli	Aug.	Sept.	Okt.	Nov.	Dez.
Tagestemperaturen in °C	13	14	16	18	22	25	27	28	26	22	17	14
Nachttemperaturen in °C	6	7	8	11	14	17	21	21	18	14	10	7
Sonnenschein Std./Tag	5	6	6	8	8	9	10	9	7	5	5	4
Niederschlag Tage/Monat	4	5	5	6	6	4	3	4	6	7	6	5
Wassertemperaturen in °C	13	12	13	14	16	19	22	24	22	20	16	14

PRAKTISCHE HINWEISE

POLIZEI

Unter *Tel. 112* und auf der Hauptwache der *Policia Nacional* gibt es rund um die Uhr einen Dolmetscherservice. **[111 D3]** *Via Laietana, 43, Tel. 932 90 30 00, Metro: Urquinaona (L1, L4).* Unter derselben Adresse finden Sie auch eine speziell für Frauen eingerichtete Dienststelle. *Tel. 932 90 36 99.* Auf allen Dienststellen liegen mehrsprachige Anzeigenformulare aus.

POST

Hauptpost   **[111 D5]**
Mo–Sa 8.30–22, So 12–22 Uhr; Plaça d'Antoni López, Metro: Jaume I (L4), Barceloneta (L4)

Briefmarken gibt es auch im Tabakladen *(estanc).* Das Porto für Karten und Briefe ins europäische Ausland beträgt 57 Cent.

STADTERKUNDUNG

Barcelona Card
Wenn Sie möglichst viel in kurzer Zeit sehen wollen, bietet Ihnen die *Barcelona Card* attraktive Vergünstigungen: Metro und Bus gratis, Ermäßigungen bis zu 50 Prozent für Museen, Veranstaltungen, Besichtigungen, Bus Turístic. Zwei- und Dreitagekarte 23 bzw. 28 Euro, 4 Tage 31 Euro, 5 Tage 34 Euro. Erhältlich an den Flughafen-Terminals A und B und beim Fremdenverkehrsamt Plaça de Catalunya, am Hauptbahnhof und am Rathaus.

Bus Turístic
Bunte Doppeldeckerbusse fahren im 15- bis 30-Minuten-Takt an allen wichtigen Sehenswürdigkeiten der Stadt vorbei. Sie können nach Belieben aus- und einsteigen. Hostessen informieren die Fahrgäste in mehreren Sprachen. Abfahrt beim Fremdenverkehrsbüro an der Plaça de Catalunya. Tagesticket 18 Euro, Zweitagekarte 22 Euro.

Fahrradtouren und -verleih
Fahrradtouren mit Stadtführung in englischer Sprache führen durch das Gotische Viertel, zum Alten Hafen und dem Ciutadella-Park, zur Sagrada Familia, dem Passeig de Gràcia und zum Olympischen Strand. Treffpunkt: Plaça Sant Jaume **[111 D4]** *(tgl. 11 Uhr, April–Sept. auch Fr–Mo 16.30 Uhr, 22 Euro inkl. Mietfahrrad, Metro: Jaume I (L4).*

Räder leihen können Sie bei *Barcelona Bici, Plaça Catalunya/Ronda Universitat* **[111 D2]** und am *Kolumbusdenkmal* **[110 B6]** *(Ecke Admirall Cervera), Tel. 932 85 38 32, www.barcelonaturisme.com;* sowie bei *Bike Tours, Espartería, 3* **[111 E5]**, *Tel. 932 68 21 05, www.*

Was kostet wie viel?

Kaffee	**1,10 Euro** für einen Espresso
Gebäck	**75 Cent** für ein Croissant
Wein	**4 bis 8 Euro** für eine Flasche Hauswein
Kino	**ab 6 Euro** für ein Ticket
Snack	**2,50 Euro** für Patatas Bravas
Taxi	**ab 78 Cent** für einen Kilometer

101

bicicletabarcelona.com, Metro: Jaume I (L4).

Stadtrundfahrten
Julià Tours, Ronda Universitat, 5, Tel. 933 17 64 54, www.juliatours.es

Stadtspaziergänge
Das Fremdenverkehrsamt organisiert diverse Spaziergänge: durch das Gotische Viertel *(tgl. 10 Uhr in englischer und Sa 12 Uhr in spanischer Sprache, 9 Euro)*, auf den Spuren Pablo Picassos *(Di–So 10.30 in englischer und Sa 11.30 in spanischer Sprache, 11 Euro)*, Monumente des Modernismus *(Sa, So 16 Uhr in englischer und spanischer Sprache, 9 Euro)* und eine Gourmettour *(Fr und Sa 11 Uhr in englischer und spanischer Sprache, 11 Euro)*. *Treffpunkt Fremdenverkehrsamt Plaça de Catalunya* [111 D2], *Metro: Catalunya (L1, L3)*

TAXI

Die gelb-schwarzen Taxen werden per Handzeichen angehalten (grünes Licht: frei). Generell ist Taxifahren billiger als in Deutschland. Im Sommer können Sie sich auch umweltfreundlich per Fahrradtaxi chauffieren lassen *(Trixi Rickshaw, Tel. 933 10 13 79, www.trixi.com)*.

TELEFON & HANDY

Die meisten Telefonzellen funktionieren nur noch mit Telefonkarten, die Sie in Tabakläden *(estancs)* und auf Postämtern *(correus)* bekommen. GSM-Mobiltelefone funktionieren problemlos. Roaming ist aber sehr teuer.

Vorwahl nach Deutschland: 0049, nach Österreich 0043, in die Schweiz 0041, dann die Ortsvorwahl ohne Null. Vorwahl von Deutschland nach Spanien: 0034. Innerhalb Spaniens gibt es keine Vorwahlen.

THEATER- & KONZERTKARTEN

Reservierung, Kreditkartenbuchung: *Entrada Caixa Catalunya, Tel. 902 10 12 12* oder *Servi Caixa, Tel. 902 33 22 11, www.serviticket.com*

TRINKGELD

Im Restaurant, Hotel, bei Taxifahrten etc. gibt man ca. 5 bis 10 Prozent. In Bars und Restaurants legt man das Trinkgeld auf den Teller mit der Rechnung.

VERANSTALTUNGS-KALENDER

Jeden Donnerstag erscheint *Guía del Ocio*, der spanischsprachige Veranstaltungsführer *(auch online unter www.guiadelociobcn.es)*. Das englischsprachige Monatsmagazin *Metropolitan* liegt in Kinos und Kneipen aus *(www.barcelona-metropolitan. com)*. Das spanisch-englische Lifestylemagazin *b-guided* zeigt den Weg zu hippen Adressen der Stadt, auch unter *www.b-guided.com*.

ZOLL

EU-Bürger können Waren zum persönlichen Gebrauch (z. B. 800 Zigaretten, 90 l Wein, 10 l Spirituosen) innerhalb der EU zollfrei ein- und ausführen. Schweizer Bürger dürfen z. B. höchstens 200 Zigaretten, 2 l alkoholische Getränke unter 15 Prozent und 1 l alkoholische Getränke über 15 Prozent mitnehmen.

SPRACHFÜHRER KATALANISCH

Parles català?

»Sprichst du Katalanisch?«
Dieser Sprachführer hilft Ihnen, die wichtigsten
Wörter und Sätze auf Katalanisch zu sagen

Hinweise zur Aussprache:

c	wie »s« vor »e«, »i« (z. B. Barcelona); wie »k« vor »a«, »o« und »u« (z. B. Casa)
ç	wird als »s« gesprochen (z. B. França)
g	wie in »Genie« vor »e«, »i«; wie »g« vor »a«, »o« und »u«
ll	wird wie »lj« gesprochen
l·l	wird als »l« gesprochen
ny	wie das »gn« in »Champagner« (z. B. Catalunya)
que/qui	das »u« ist immer stumm, wie deutsches »k« (z. B. perquè)
v	am Wortanfang und nach Konsonant wie »b« (z. B. València)
x	wird gesprochen wie das deutsche »sch« (z. B. Xina)

AUF EINEN BLICK

Ja. / Nein. / Vielleicht.	Sí. / No. / Potser.
Bitte. / Danke.	Sisplau. / Gràcies.
Entschuldigen Sie! / Entschuldige!	Perdoni./Perdona.
Wie bitte?	*(Sie)* Com diu?/*(du)* Com dius?
Ich verstehe Sie / dich nicht.	No l'entenc. / No t'entenc.
Ich spreche nur wenig (Katalanisch).	Parlo només una mica (de català).
Sprechen Sie Deutsch / Englisch?	Parla alemany/anglès?
Können Sie mir bitte helfen?	Pot ajudar-me, sisplau?
Ich möchte …	Voldria…
Haben Sie …?	Té…?
Wie viel kostet es?	Quant val?
Wie viel Uhr ist es?	Quina hora és?

KENNENLERNEN

Guten Morgen!	Bon dia!
Guten Tag!	Bon dia! (Bona tarda.)
Guten Abend!	Bona nit!

103

Hallo! / Grüß dich!	Hola, què hi ha?
Wie geht es Ihnen/dir?	Com va?
Danke. Und Ihnen/dir?	Gràcies, i vostè? / i tu?
Auf Wiedersehen!	Adéu. Passi-ho bé.
Tschüss!	Adéu!

UNTERWEGS

Auskunft

links / rechts	a l'esquerra / a la dreta
geradeaus	tot recte
nah / weit	a prop / lluny
Bitte, wo ist …?	Sisplau, on és…?
Wie weit ist das?	És molt lluny això?
Gibt es öffentliche Verkehrsmittel dorthin?	S'hi pot anar amb mitjans de transport públic?
Wie komme ich dorthin?	Com s'hi va?
Zum Hotel, bitte.	A l'hotel, sisplau.
Zum Bahnhof.	A l'estació.
Zum Flughafen.	A l'aeroport.
Ich möchte … mieten.	Voldria llogar …
… ein Auto …	… un cotxe.
… ein Fahrrad …	… una bicicleta.
… ein Motorrad …	… una moto.

Panne

Ich habe eine Panne.	Tinc una avaria.
Würden Sie mir bitte einen Abschleppwagen schicken?	Poden enviar-me sisplau una grua?
Gibt es hier in der Nähe eine Werkstatt?	Hi ha per aquí a prop un taller?

Tankstelle

Wo ist bitte die nächste Tankstelle?	On és la gasolinera més propera, sisplau?
Ich möchte … Liter …	Voldria … litres de …
… Normalbenzin.	… Gasolina normal.
… Super.	… Súper.
… Diesel.	… Diesel.
… bleifrei / mit Blei.	… sense plom / … amb plom.
Volltanken, bitte.	Ple, sisplau.

Unfall

Hilfe!	Ajuda!
Achtung!	Compte!
Rufen Sie bitte schnell …	Truqui sisplau de pressa …
… einen Krankenwagen.	… a una ambulància.

104

SPRACHFÜHRER KATALANISCH

… die Polizei.	… a la policia.
… die Feuerwehr.	… als bombers.
Haben Sie Verbandszeug?	Té benes?
Es war meine Schuld.	Ha estat culpa meva.
Es war Ihre Schuld.	Ha estat culpa seva.
Geben Sie mir bitte Ihren Namen und Ihre Anschrift!	Pot donar-me el seu nom i la seva adreça, sisplau!

ESSEN/UNTERHALTUNG

Wo gibt es hier …	On hi ha per aquí a prop …
… ein gutes Restaurant?	… un bon restaurant?
… ein nicht zu teures Restaurant?	… un restaurant no massa car?
… ein typisches Restaurant?	… un restaurant típic?
Gibt es hier eine gemütliche Kneipe?	Hi ha per aquí a prop algun bar bonic?
Reservieren Sie uns bitte für heute Abend einen Tisch für vier Personen.	Reservi sisplau per avui al vespre una taula per a quatre persones.
Könnte ich bitte … haben?	Podria portar-me …
… ein Messer …	… un ganivet?
… eine Gabel …	… una forquilla?
… einen Löffel …	… una cullera?
Auf Ihr Wohl!	Salut.
Bezahlen, bitte.	El compte, sisplau.
Bitte alles zusammen.	Cobri-ho tot junt, sisplau.
Getrennte Rechnungen, bitte.	Per separat, sisplau.
Hat es geschmeckt?	Els ha agradat?
Das Essen war ausgezeichnet.	El menjar era excel·lent.

EINKAUFEN

Wo finde ich …	On hi ha …
… eine Apotheke?	… una farmàcia?
… eine Bäckerei?	… un forn?
… ein Fotogeschäft?	… una botiga de fotos?
… ein Einkaufszentrum?	… un supermercat?
… ein Lebensmittelgeschäft?	… una botiga de queviures?
… einen Markt?	… un mercat?

ÜBERNACHTUNG

Können Sie mir bitte … empfehlen?	Em pot recomanar …, sisplau?
… ein gutes Hotel …	… un bon hotel …
… eine Pension …	… una pensió …

Haben Sie noch …	Tenen encara …
… ein Einzelzimmer?	… una habitació senzilla?
… ein Zweibettzimmer?	… una habitació doble?
… mit Bad?	… amb bany?
… für eine Nacht?	… per una nit?
… für eine Woche?	… per una setmana?

PRAKTISCHE INFORMATIONEN

Arzt

Können Sie mir einen guten Arzt empfehlen?	Em pot recomanar un bon metge?
Ich habe hier Schmerzen.	Em fa mal aquí.
Ich habe …	Tinc …
… Durchfall.	… diarrea.
… Fieber.	… febre.
… Husten.	… tos.

Post

Was kostet …	Quant val …
… ein Brief …	… una carta …
… eine Postkarte …	… una postal …
… nach Deutschland?	… a Alemanya?
Eine Briefmarke, bitte.	Un segell, sisplau.

ZAHLEN

0	zero	20	vint
1	un/una	21	vint-i-u/vint-i-una
2	dos/dues	22	vint-i-dos/vint-i-dues
3	tres	30	trenta
4	quatre	40	quaranta
5	cinc	50	cinquanta
6	sis	60	seixanta
7	set	70	setanta
8	vuit	80	vuitanta
9	nou	90	noranta
10	deu	100	cent
11	onze	200	dos-cents/dues-centes
12	dotze	1 000	mil
13	tretze	2 000	dos mil/dues mil
14	catorze	10 000	deu mil
15	quinze	1000 000	un milió
16	setze		
17	disset	1/2	mig
18	divuit	1/3	un terç
19	dinou	1/4	un quart

CITYATLAS

Cityatlas Barcelona

Die Seiteneinteilung für den Cityatlas finden Sie auf dem hinteren Umschlag dieses Reiseführers

Mit freundlicher Unterstützung von

kein urlaub ohne holiday autos

www.holidayautos.com

über den daten-
highway zu mehr
spaß auf allen
anderen straßen:

kein urlaub ohne
holiday autos

15 euro rabatt
sichern! sms
mit **HOLIDAY**
an **83111***
(49 cent/sms)

so einfach geht´s:
senden sie das wort **HOLIDAY** per sms an die nummer **83111*** (49 cent/sms) und wir schicken ihnen ihren rabatt-code per sms zurück. mit diesem code erhalten sie 15 euro preisnachlass auf ihre nächste mietwagenbuchung! einzulösen ganz einfach in reisebüros, unter der hotline 0180 5 17 91 91 (12 cent/min) oder unter www.holidayautos.de (mindestalter des mietwagenbuchers: in der regel 21 jahre). der code ist gültig für buchung und mietbeginn bis 31.12.2010 für eine mindestmietdauer von 5 tagen. der rabattcode kann pro mobilfunknummer nur einmal angefordert werden. dieses angebot ist gültig für alle zielgebiete aus dem programm von holiday autos nach verfügbarkeit.

*vodafone-kunden: 12 cent vodafone-leistung + 37 cent zusatzentgelt des anbieters.
teilnahme nur mit deutscher sim-karte möglich.

Kartenlegende Cityatlas

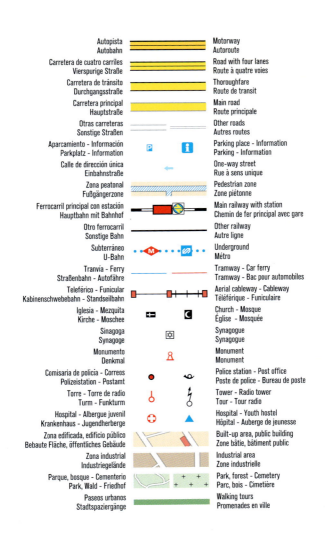

Autopista / Autobahn	Motorway / Autoroute
Carretera de cuatro carriles / Vierspurige Straße	Road with four lanes / Route à quatre voies
Carretera de tránsito / Durchgangsstraße	Thoroughfare / Route de transit
Carretera principal / Hauptstraße	Main road / Route principale
Otras carreteras / Sonstige Straßen	Other roads / Autres routes
Aparcamiento - Información / Parkplatz - Information	Parking place - Information / Parking - Information
Calle de dirección única / Einbahnstraße	One-way street / Rue à sens unique
Zona peatonal / Fußgängerzone	Pedestrian zone / Zone piétonne
Ferrocarril principal con estación / Hauptbahn mit Bahnhof	Main railway with station / Chemin de fer principal avec gare
Otro ferrocarril / Sonstige Bahn	Other railway / Autre ligne
Subterráneo / U-Bahn	Underground / Métro
Tranvia - Ferry / Straßenbahn - Autofähre	Tramway - Car ferry / Tramway - Bac pour automobiles
Teleférico - Funicular / Kabinenschwebebahn - Standseilbahn	Aerial cableway - Cableway / Téléférique - Funiculaire
Iglesia - Mezquita / Kirche - Moschee	Church - Mosque / Église - Mosquée
Sinagoga / Synagoge	Synagogue / Synagogue
Monumento / Denkmal	Monument / Monument
Comisaria de policía - Correos / Polizeistation - Postamt	Police station - Post office / Poste de police - Bureau de poste
Torre - Torre de radio / Turm - Funkturm	Tower - Radio tower / Tour - Tour radio
Hospital - Albergue juvenil / Krankenhaus - Jugendherberge	Hospital - Youth hostel / Hôpital - Auberge de jeunesse
Zona edificada, edificio público / Bebaute Fläche, öffentliches Gebäude	Built-up area, public building / Zone bâtie, bâtiment public
Zona industrial / Industriegelände	Industrial area / Zone industrielle
Parque, bosque - Cementerio / Park, Wald - Friedhof	Park, forest - Cemetery / Parc, bois - Cimetière
Paseos urbanos / Stadtspaziergänge	Walking tours / Promenades en ville

109

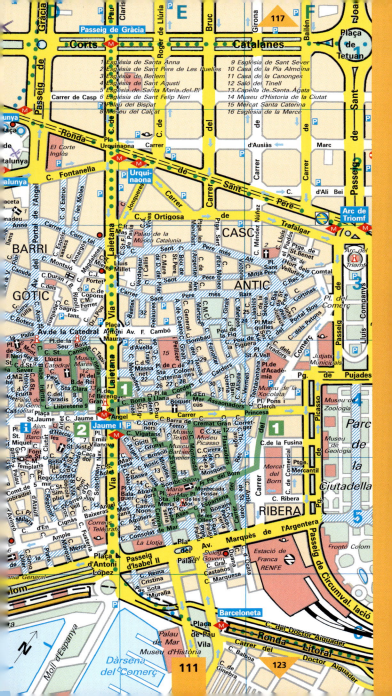

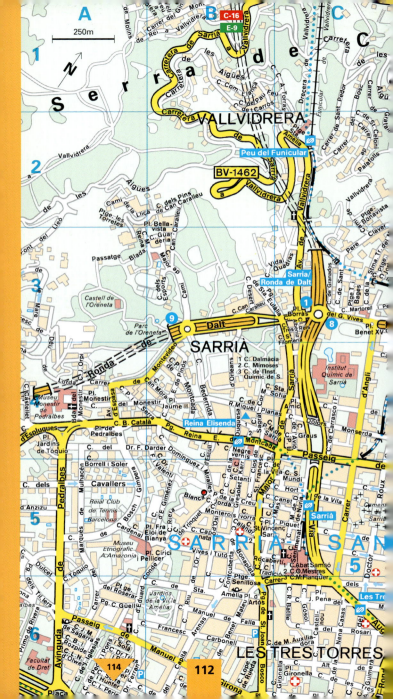

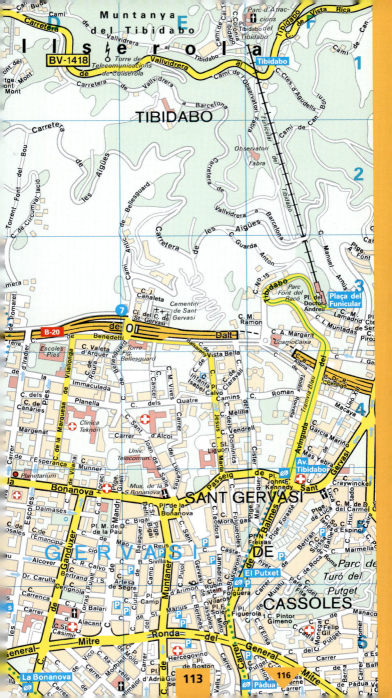

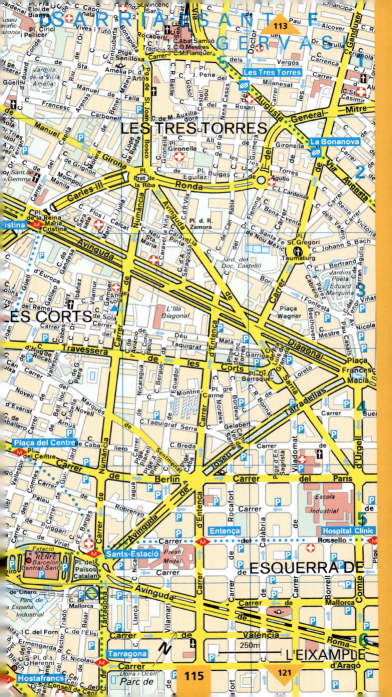

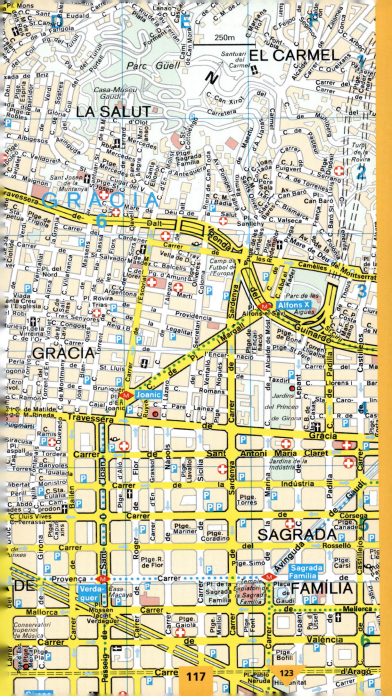

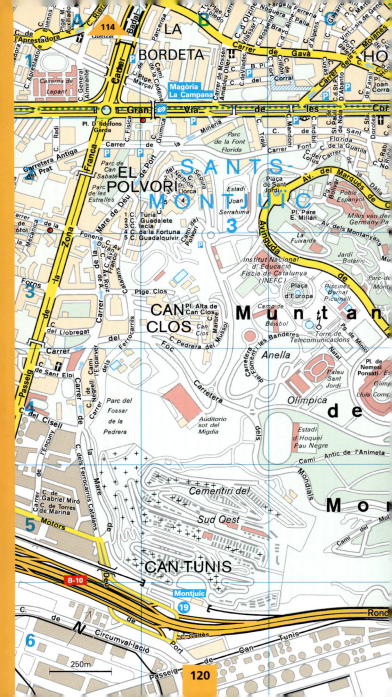

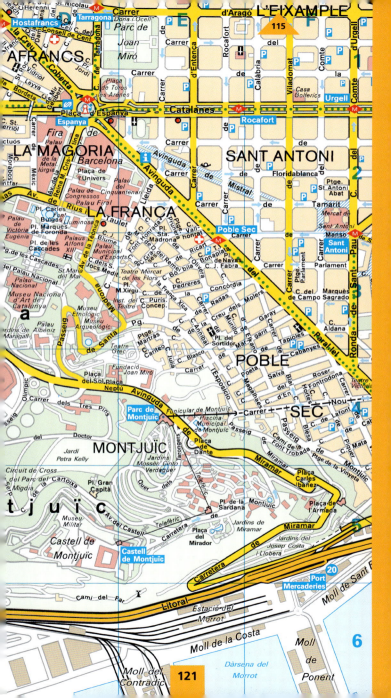

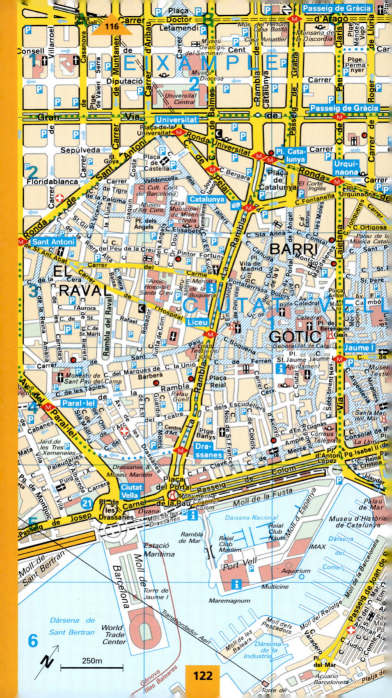

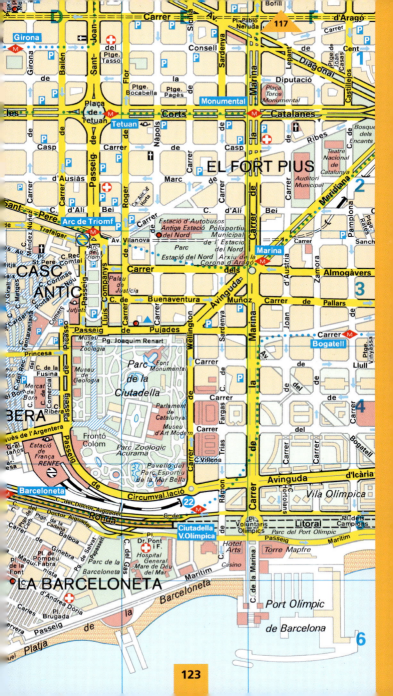

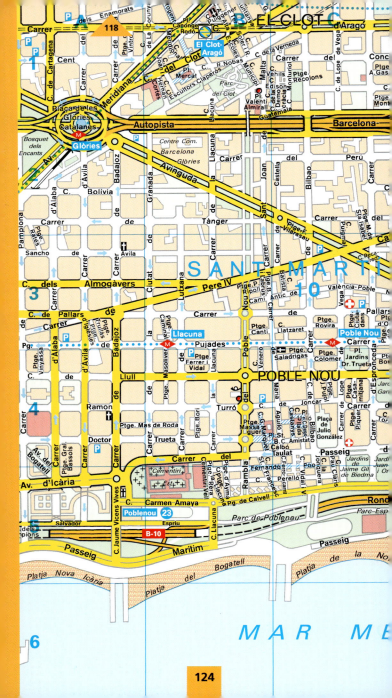

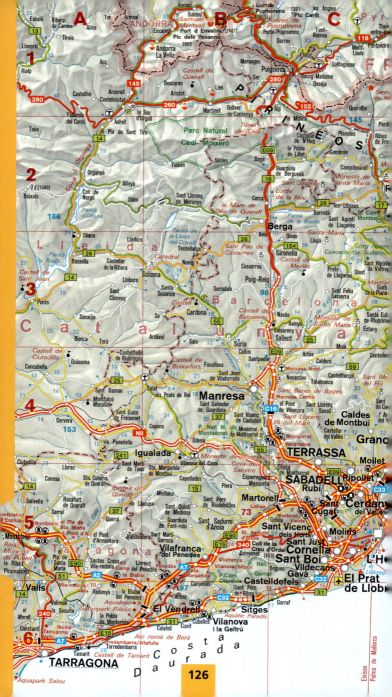

Das Register enthält eine Auswahl der im Cityatlas dargestellten Straßen und Plätze. Nummern in Klammern stehen für die separat aufgelisteten Namen in der Innenstadtkarte Seite 110/111

A

Abaixadors, C. **111/E5**
Abat Safont, C. **110/A4-A5**
Acàcies, C. **118/C3**
Acadèmia, Pl. d' **111/F4**
Aglà, C. **110/C5**
Agregació, C. de l'
118/B3-C3
Agricultura, C. de l'
119/E6-125/E5
Agullers, C. **111/E5**
Àlaba, C. d' **124/A2-A5**
Albareda, C. d' **110/A6**
Alcalde de Móstoles, C. de l'
117/F3-F4
Aldana, C. **121/F3**
Alegre de Dalt, C. de l'
117/E2-E4
Alexandre Galí, C. d'
118/C3-119/D2
Alfambra, C. **114/B1**
Alfons XII, C. d' **116/B3-B4**
Alí Bei, C. d'
111/F2-123/F2
Allada, C. **111/E4**
Almogàvers, C. dels
123/E3-124/B3
Alsina, C. **110/C4**
Alt de Gironella, C.
115/E2-F2
Amadeu Vives, C.
111/E2-E3
Amargós, C. **111/D3**
Amigó, C. d' **116/A3-A4**
Amílcar, C. d' **118/B3-C1**
Ample, C. **110/C5-111/D5**
Andrade, C. d'
124/C1-125/F1
Angel Baixeras, C. **111/D5**
Angel Gumerà, C. **115/F2**
Angel, Pl. de l' **111/D4**
Angels, C. dels **110/B3**
Angels, Pl. dels **110/B2**
Angli, C. d' **112/C3-C5**
Anisadeta, C. (18) **111/E5**
Antic de Sant Joan, C.
111/E5
Antíc de Valencia, Cl.
124/B3-C3
Antoni Lopez, Pl. d' **111/D5**
Antoni Maura, Pl. **111/D3**
Aragó, C. d'
115/D6-118/C6
Arc de Sant Agustí, C. de l'
110/C4
Arc de Sant Martí, C. de l'
118/B1-B2
Arc de Sant Pau, C. de l'
110/A4
Arc de Sant Silvestre, C. de l'
(22) **111/E4**
Arc de Santa Eulàlia, C. de l'
(2) **110/C4**
Arc del Teatre, C. de l'
110/A5-C5
Arc Sant Ramon, C. **111/D4**
Arenes, C. **110/C5**
Arenes, C. **111/E3**
Ares, C. **111/D3**
Argenter, C. de l' **111/E3**
Argenteria, C. **111/E4-E5**

Aribau, C. d'
110/B1-116/B3
Aristides Maillol, C. **114/B3**
Arlat, C. **111/D4**
Armengol, C. (24)
111/E4-F4
Arolas, C. **110/C4**
Ases, C. **111/E5**
Assaonadors, C. **111/E4**
Astúries, C. d'
116/C3-117/D3
Ataülf, C. d' **111/D5**
Augusta, Via
112/C5-116/B5
Augustina Saragossa, C. d'
115/E3
Aurora, C. de l' **110/A3-B4**
Ausiàs Marc, C. d'
111/E2-F2
Ave Maria, C. de l' **110/C4**
Avella, C. d' **111/E4**
Àvila, C. d' **124/A2-A4**
Avinyó, C. d'
110/C4-111/D5

B

Bac de Roda, C. de
125/D1-D5
Bacardí, Pl. **110/C5**
Badajoz, C. de **124/A2-A4**
Badal, C. de **114/A6-B5**
Bailén, C. de
117/D4-111/F2
Balboa, C. **111/E6-123/D5**
Balmes, C. de
110/C1-113/F5
Banys Nous, C. **110/C4**
Banys Vells, C. **111/E4-E5**
Banys, Ptge. **110/C5**
Barra de Ferro, C. **111/E4**
Basea, C. **111/E5**
Basses de Sant Pere, C.
111/F3
Beat Simó, C. del (3)
110/C4
Beates, C. **111/E3**
Bellafila, C. **111/D5**
Beltrán i Rózpide, C. **114/C2**
Benet XV, Pl. **112/C3**
Berenguer de Palau, C.
119/D5-E4
Bergara, C. **110/C2**
Berlin, C. de **115/D5-E5**
Bernardí Martorell, Ptge. de
110/B3-B4
Bertran, C. de **113/E6-F5**
Bertrellans, C. **111/D3**
Bilbao, C. de **124/C2-C4**
Bisbe Caçador, C. (7)
111/D4
Bisbe Català, C. **112/A4-B4**
Bisbe Irurita, C. **111/D4**
Bisbe Laguarda, C. **110/A3**
Bisbe Sivilla, C. **113/D5-E5**
Biscaia, C. de **118/C4-C6**
Blai, C. de **121/F3-F4**
Blanqueria, C. **111/E4**
Blesa, C. **121/F4**
Bofarull, C. de **118/C5-C6**
Bogatell, Av. del
123/F4-124/A5
Bolivia, C. **124/A2-125/F2**

Boltres, C. **111/D5**
Bon Succès, C. **110/C3**
Bon Succés, Pl. **110/C2-C3**
Bonaire, C. **111/E5**
Bonanova, Pg. de la
112/C4-113/D5
Bonanova, Pl. de la **113/E5**
Boquer, C. **111/E4**
Boqueria, C. **110/C4**
Borbó, Av. de **118/C2**
Bordeta, C. de la
120/C1-121/D1
Bori i Fontestà, C.
115/E3-F3
Boria, C. **111/E4**
Born, Pg. **111/E5**
Borràs, Pl. **112/C3**
Bosch i Gimpera, C. de
112/A4-A5
Botella, C. **110/A3**
Boters, C. **111/D3**
Bou de Sant Pere, C. **111/E3**
Brasil, C. del **114/B4-C4**
Brocatens, C. (10) **111/D4**
Brosoli, C. **111/E4-E5**
Bruc, C. del **117/D5-111/E2**
Bruniquer, C. de **117/D4-E4**
Buenaventura Muñoz, C.
123/D3-F3
Buenos Aires, C.
115/F4-116/A4
Buïgas, C. **115/E2**

C

Ca N'Oliva, C. de
119/F5-125/F1
Cabanes, C. de
110/A5-121/F4
Cabres, C. de les **110/C4**
Caçador, Bda. de **111/D4**
Cadi, C. **118/C1**
Calàbria, C. de
115/F4-121/F3
Calatrava, C. de
112/C6-113/D5
Calella, C. (5) **111/D5**
Call, C. del **110/C4-111/D4**
Calvell, Pg. de **124/B5**
Calvet, C. de **116/A2-A4**
Camèlies, C. de les
117/E3-F3
Camp Arriassa, C. de
119/F5-F6
Can Baró, Pl. **117/F2**
Canalejas, C. de
114/A5-B5
Canonja, Bda. de la
111/D4
Cantàbria, C. de
119/F5-125/E1
Canuda, C. de
110/C3-111/D3
Canvis Nous, C. **111/E5**
Canvis Vells, C. **111/E5**
Cap del Món, C. (16)
111/E5
Capellans, C. dels **111/D3**
Capità Arenas, C. del
115/D1-D2
Caramelles, Pl. de les
110/B3
Carassa, C. (11) **111/E4**

Caravel·la Niña, C.
115/E2-E3
Caravel·la Pinta, C. **115/E3**
Cardenal Casañas, C. del
110/C4
Cardenal Reig, C. dei
114/A3-B3
Cardenal Tedeschini, C. del
119/D3-D4
Cardener, C. del **117/D2-E3**
Carders, C. **111/E4**
Cardona, C. **110/B2**
Carles Buïgas, Pl. **121/D2**
Carles III, Gran Via de
114/C4-115/D2
Carme, C. del **110/B3-C3**
Carrera, C. **110/A6-B6**
Carreras i Candi, C.
114/B4-B6
Carretes, C. de les
110/A3-A4
Cartagena, C. de
118/A3-124/A1
Cartellà, C. de **118/C1-C2**
Casanova, C. de
110/A2-116/A4
Casp, C. de **111/D1-123/F2**
Castella, C. de **124/C2-C3**
Castella, Pl. de **110/B1-B2**
Castillejos, C. de
118/A3-123/F1
Catalana, Rbla. **114/A5**
Catalunya, Pl. de **111/D2**
Catalunya, Rbla. de
110/C1-116/B5
Catedral, Av. de la **111/D3**
Cecs de la Boqueria, C.
110/C4
Cecs de Sant Cugat, C. (31)
111/E4
Cendra, C. de la **110/A2-A3**
Cera, C. de la **110/A3**
Cervantes, C. **111/D5**
Cid, C. del **110/B5**
Cienfuegos, C. **119/D3-D4**
Circumval·lació, Pg. de
111/F5-123/E5
Cirera, C. **111/E4**
Ciutat de Balaguer, C.
113/E5-E6
Ciutat de Granada, C. de la
124/B2-B4
Ciutat, C. **111/D4-D5**
Clot, C. del **118/C6-124/B1**
Còdols, C. de **110/C5**
Collblanc, C. de **114/A3-A4**
Colom, C. **110/C4**
Colom, Pg. de
110/C6-111/D5
Colomines, C. **111/E4**
Comerç, C. del **111/F3-F5**
Comercial, C. **111/F4-F5**
Cometa, C. **111/D5**
Comtal, C. **111/D2-D3**
Comte Borrell, C. del
115/F5-121/F3
Comte d'Urgell, C. del
110/A2-116/A4
Comtes de Bell-lloc, C. dels
115/D4-D5
Comtessa de Sobradiel, C.
111/D5

STRASSENREGISTER CITYATLAS

Concepciò, Pge. de la
116/B5-C5
Conceptió Arenal, C. de
118/C4-119/E2
Concili de Trento, C. del
124/C1-125/F1
Congrés Eucarístic, Pl.
119/D3
Consell de Cent, C. del
121/D1-124/A1
Consellers, C. (17) **111/E5**
Consolat de Mar, C.
111/E5
Constitució, C. de la
114/A6-B6
Copons, C. **111/D3**
Corders, C. **111/E4**
Corren Vell, C. **111/D5**
Corretger, C. **111/E4**
Còrsega, C. de
115/E5-118/A5
Cortinas, C. **111/F3**
Corts Catalanes, Gran Via de
les **120/A1-123/F1**
Corts, Travessera de les
114/B3-115/E4
Corunya, C. de la **124/B1**
Cotoners, C. **111/E4**
Craywinckel, C. **113/F5**
Cremat Gran, C. **111/E4**
Cremat Xic, C. **111/E4**
Creu Coberta, C. de la
114/C6-121/D1
Cristóbal de Moura, C.
124/C3-125/F3
Curu-Rulla, C. **111/D3**

D

Dalt, Rda. del
112/A4-113/F4
Dalt, Trav. de **117/D2-E2**
Destruch, C. **111/D2**
Diagonal, Av.
114/A1-125/E4
Diputació, C. de la
121/D1-123/F1
Doctor Aiguader, C. del
111/E6-F6
Doctor Andreu, Pl. del
113/F3
Doctor Carulla, C. del
112/C5-113/D5
Doctor Dou, C. **110/B3**
Doctor Ferran, C. **115/D2**
Doctor Joaquim Pou, C.
111/D3
Doctor Josep Trueta, Pl.
124/C4
Doctor Letamendi, Pl.
116/C6
Doctor Marañon, Av. del
114/B1-C3
Doctor Martí i Julià, C. del
114/A4-A5
Doctor Pi i Molist, C. del
119/D1
Doctor Roux, C. del
112/C5-115/E2
Doctor Trueta, C. del
123/E4-124/B4
Dos de Maig, C. del
118/A5-A6
Drassanes, Av. de les
110/B5-B6
Duana, C. **111/E4**
Duc de la Victòria, C.
111/D3
Duc de la Victòria, Ptge. del
110/C3-111/D3
Dupte, C. **110/A2**
Duran i Bas, C. **111/D3**

E

Eduard Conde, C. d' **115/D1**
Egipcíaques, C. **110/B3**
Eguilaz, Pl. **115/E2**
Elisa, C. d' **116/B1-B2**
Elisabets, C. **110/B2-C2**
Elisabets, Ptge. **110/C3**
Elkano, C. d' **121/E3-F4**
Emili Vilanova, Pl. **111/D4**
En Bot, C. d' **111/C3**
En Carabassa, C. d' **111/D5**
En Cignàs, C. d' **111/D5**
En Marcús, Pl. d' **111/E4**
En Moneo, C. d' **111/E3**
En Roca, C. d' **110/C3-C4**
En Roig, C. d' **110/B3**
En Serra, C. d'
110/C5-111/D5
En Xuclà, C. d' **110/C3**
Enamorats, C. dels
118/B6-123/F1
Encarnació, C. de l'
117/D3-F4
Enric Giménez, C. d' **112/B5**
Enric Granados, C. d'
116/B5-122/B1
Entença, C. d'
115/E3-121/E2
Erasmer de Janer, C. **110/A3**
Ercilla, C. d' **118/B3**
Escoles Pies, C. de les
112/D4-115/F3
Escorial, C. de l' **117/E3-E4**
Escornalbou, C. d' **118/B4**
Escudellers Blancs, C. (4)
110/C4
Escudellers, C. dels
110/C5-111/D5
Escudellers, Ptge. dels
110/C5
Espalter, C. de **110/B4**
Espanya, Pl. d' **121/D1-D2**
Esparteria, C. **111/E5**
Espasa, Av. d' **112/A4**
Espaseria, C. **111/E5**
Esperança, C. de l'
112/C4-113/D4
Espolsa-sacs, C. **111/D4**
Espronceda, C. d'
118/C5-124/C4
Est, C. de l' **110/B5**
Estadi, Av. de l'
120/B2-121/D4
Estel, C. de l' **110/A5**
Eusebi Güell, Pl. **114/C1**
Exposició, Pg. **121/E3-E4**

F

Fabra i Puig, Pg. de
118/C1-119/E3
Felip II, C. de **119/D2-D5**
Ferlandina, C. de
110/A2-B2
Fernando Primo de Rivera, C.
114/C1-C2
Ferran, C. de
110/C4-111/D4
Flassaders, C. **111/E4-E5**
Flaugier, Pge. **118/B4**
Flor de Lliri, C. (27) **111/E4**
Flor, C. **111/D3**
Floridablanca, C. de
110/A2-121/E2
Floristes de la Rbla. **110/B3**
Flors, C. de les **110/A4**
Flos i Calcat, C.
115/D2-E3
Fluvià, C. de
119/D6-125/D4
Fonollar, C. **111/E3-E4**

Font de Sant Miquel, C.
111/D4-D5
Font d'en Fargas, Pg. de la
118/A2-B1
Fontanella, C. **111/D2**
Forastè, Pge. **113/F5**
Forn de la Fonda, C. (29)
111/E4
Forum, Pl. **125/F5**
Fossar de les Moreres, Pl.
111/E5
Francesc Cambó, Av. **111/E3**
Francesc d'Aranda, C. de
123/E3-E5
Francesc Macià, Pl. **115/F4**
Francesc Pérez Cabrero, C.
115/F3
Frederic Rahola, Av. de
118/B1-B2
Freixures, C. de **111/E3-E4**
Freneria, C. (8) **111/D4**
Freser, C. del **118/A5-C5**
Fruita, C. **111/D4**
Fusina, C. **111/F4**
Fusteria, C. **111/D5**

G

Galileo, C. de
114/C5-115/D3
Ganduxer, C. de
113/D5-115/F3
Garcilaso, C. de
118/C3-119/D5
Gardunya, Pl. **110/B3-C3**
Garriga i Roca, C. de
118/B2-B3
Gatuelles, C. (25)
111/E4-F4
Gaudí, Av. de
117/F5-118/A5
Gavà, C. de **120/B1-C1**
Gegants, C. **111/D4-D5**
General Alvarez de Castro, C.
111/E3
General Castâños, C.
111/E5
General Mitre, Rda. del
115/E2-116/C2
Ginebra, C. de **123/D5**
Ginjo, C. **110/C5**
Giralt i Pellicer, C. **111/E4**
Giriti, C. **111/E4**
Girona, C. de
117/D5-111/F2
Glòries Catalanes, Pl. de les
124/A1-A2
Gombau, C. **111/E3-E4**
Gràcia, Pg. de
116/C5-111/D1
Gràcia, Trav. de
116/A4-118/A4
Gran de Gràcia, C.
116/C3-C4
Gran de Sant Andreu, C.
119/E4-F2
Gravina, C. **110/B2-C1**
Groc, C. **111/D5**
Grunyí, C. **111/E4**
Guàrdia, C. **110/B5**
Guernica, Pl. **114/A4**
Guifrè, C. **110/B3**
Guillem, C. (21) **111/E5**
Guinardo, Rda. del
117/E3-F4
Guipúscoa, C. de **119/D6-F6**
Guitard, C. de **115/D4-D5**
Gutenberg, Ptge. de **110/B5**

H

Hècules, C. d' **111/D4**
Heures, C. de les **110/C4**

Hort de la Bomba, C. de l'
110/A4
Hort dels Velluters, Ptge.
111/F3
Hospital Militar, Av. de l'
116/C1-C2
Hospital, C. de l' **110/A3-C4**
Hostal de Sant Antoni, C.
(12) **111/E4**
Huelva, C. de **119/D6-E6**

I

Icària, Av. d'
123/F5-124/A5
Independència, C. de la
118/A3-124/A1
Indústria, C. de la
117/D5-118/C5
Iradier, C. d' **113/D3-D5**
Isabel II, Pg. d' **111/E5**

J

Jacinto Benavente, C.
115/F2
Jaume Giralt, C. **111/E3-E4**
Jaume I, C. **111/D4**
Jerusalem, C. **110/C3-C4**
Jesús i Maria, C. **113/E4-E5**
Joan Carles I, Pl. **116/C5**
Joan d'Austria, C. de
123/F3-F5
Joan de Borbó, Pg. de
122/C5-C6
Joan Massana, C. **111/E5**
Joan Peiró, Pl.
114/C5-115/D5
Joan XXIII, Av. de
114/B3-C2
Joaquim Folguera, Pl.
116/B1
Joaquín Costa, C.
110/B2-B3
Johann Sebastian Bach, C.
115/F3-116/A3
John Kennedy, Pl. **113/F5**
Jonqueres, C. **111/D2**
Josep Anselm Clavé, C.
110/C6
Josep Bertrand, C. **115/F3**
Josep Carner, Pg. de
110/B6-121/F5
Josep Maria Folch i Torres,
Pl. **110/A4**
Josep Pla, C. de **125/E2-E5**
Josep Tarradellas, C. de
115/D5-F4
Jota, C. de la **119/D2-D3**
Jovellanos, C. **110/C2**
Juan de Garay, C.
118/C4-119/D4
Julià Portet, C. **111/D3**
Julio González, Pl. de
124/C4
Junta de Comerç, C. **110/B4**
Jupi, C. **111/D5**

L

La Rambla **110/C2-C5**
Laietana, Via **110/D2-D5**
Lancester, C. **110/B5**
Leona, C. **110/C4**
Lepant, C. de
117/F4-123/F2
Less
eps, Pl. de **116/C2**
Lieó, C. del **110/B2**
Litoral, Rda.
120/A6-125/F4
Llacuna, C. de la **124/B1-B5**
Llana, Pl. la **111/E4**
Llançà, C. **115/E6**
Llàstics, C. **111/F3**

Lledó, C. **111/D4-D5**
Lleialtat, C. de la **110/A4**
Lleida, C. de **121/D3-E2**
Lleo XIII, C. de **113/F4-F5**
Llibreteria, C. **111/D4**
Lluça, C. de **114/C4**
Lluís Companys, Pg. de
111/F3-F4
Lluís el Piadós, C. **111/F3**
Lluís Millet, Pl. **111/D3-E3**
Llull, C. de **123/E4-125/F4**
Lluna, C. la **110/B2-B3**
Londres, C. de
115/F4-116/A4
Lope de Vega, C.
124/C1-C4
Lutaxana, C. de **124/B3-B4**

M
Madoz, Ptge. **110/C4**
Madrazo, C. dels
116/A3-C3
Madrid, Av. **114/B4-C4**
Maeqùes de Barberà, C.
110/B4
Magalhäes, C. de
121/E3-F4
Magarola, Ptge. **110/C3**
Magdalenes, C. **111/D3**
Major de Sarrià, C.
112/B5-C4
Mallorca, C. de
115/E6-118/C6
Malnom, C. **110/B3**
Mandri, C. de **113/D5-D6**
Manresa, C. **111/E5**
Manso, C. de **121/E3-F3**
Manuel Gironda, Pge. de
114/C1-115/E2
Manuel Ribé, Pl. **111/D4**
Maquinista, C. la **123/D5**
Maragall, Pg. de **118/B1-B5**
Maragall, Pl. de **118/C4**
Mare de Déu de la Salut, C.
117/D2-E2
Mare de Déu de Montserrat,
Av. de **117/F3-118/C3**
Mare de Déu del Coll, C. de
la **117/D1-D2**
Mare de Déu del Pilar, C.
111/E3
Mare de Deu dels Desempa-
rats, C. **114/A5**
Maresme, C. del
119/F5-125/F4
Marià Aguiló, C. de
124/B3-C4
Marià Cubí, C. de
116/A3-B4
Marina, C. de la
117/F5-123/F5
Marina, Pge. de la **125/D3**
Marítim, Pg.
123/D6-124/B5
Marlet, C. **111/D4**
Marquès de Campo Sagrado,
C. del **121/F3**
Marquès de Comillas, Av. del
120/C2-121/D2
Marquès de l'Argentera, Av.
111/E5-F5
Marquès de Mulhacén, C.
del **112/A4-A6**
Marquès de Sentmenat, C.
del **115/D4-E5**
Marquesa de Vilallonga, C.
de la **113/D3-D4**
Marquet, C. **111/D5**
Marquilles, Pl. **111/F3**
Marroc, C. del
124/C2-125/F2

Marti i Julia, C. **115/D3-E2**
Mas, C. de **114/A4**
Mascaró, C. **118/B3-C2**
Massanet, C. **111/E4**
Mata, C. de **110/A5-121/F4**
Maternitat, C. **114/B3-C3**
Mejía Lequerica, C. **114/C3**
Méndez Núñez, C.
111/F2-F3
Menorca, C. de **119/D6-F6**
Mercaders, C. **111/E4**
Mercantil, Ptge. **111/F5**
Mercè, C. de la
110/C6-111/D5
Mercè, Pl. de la **110/C5**
Meridiana, Av.
119/F1-123/E3
Mestre Nicolau, C.
115/F3-116/A3
Mestres Casals i Martorell,
C. **111/E3**
Metges, C. **111/E3**
Mèxic, C. de **121/D2**
Milà i Fontanals, C.
117/D4-D5
Milanesat, C. del **115/E1-F1**
Milans, C. i. Pl. **111/D5**
Minici Natal., Pg.
120/C3-C4
Miralles, C. **111/E4-E5**
Miramar, Av. de **121/E4-E6**
Misser Ferrer, C. **111/D3**
Mistral, Av. de **121/E2-F2**
Modolell, C. de
115/F2-116/A2
Moianès, C. del **120/C1**
Moles, C. les **111/D2**
Montalegre, C. **110/B2**
Montcada, C. **111/E4-E5**
Montcada, Pl. **111/E5**
Montevideo, C. de
112/A4-B4
Montjuïc del Bisbe, C.
111/D4
Montjuïc del Carme, C.
110/C3
Montjuïc, Pg. de
110/A6-121/F4
Montserrat de Casanovas, C.
de **118/A1-B2**
Montserrat, C. **110/B5**
Montsió, C. **111/D3**
Morera, C. **110/C3-C4**
Mosques, C. **111/E5**
Mossen Jacint Verdaguer, Pl.
117/D6
Muntaner, C. de
110/B1-116/A1
Muntanya, C. **118/B6**
Murcia, C. de
118/C6-119/D6
Musitu, C. de **116/B1**

N
N. Arai, C. **110/C5**
Nació, C. de la **118/B5-B6**
Nàpols, C. de
117/E4-123/E3
Nau, C. de la **111/E5**
Navas de Tolosa, C. de las
118/C4-C6
Nena Casas, C. de la
115/E1-E2
Neu de Sant Cugat, C. de la
(30) **111/E4**
Niça, C. de **118/A3**
Nicaragua, C. de
115/E4-E6
Nicolau de Sant Climent, C.
(13) **111/E5**
Notariat, C. **110/C3**

Nou de la Rambla, C.
110/C5-121/E4
Nou de Sant Francesc, C.
110/C5
Nou de Zurbano, C. **110/C5**
Numància, C. de **115/D5-E2**
Nuo de Dulce, C. **110/A2**

O
Obradors, C. **110/C5**
Ocata, C. **111/E5-F5**
Olles, Pl. de les **111/E5**
Olzinelies, C. d' **114/B6-C6**
Om, C. de l' **110/A5-B5**
Om, Ptge. de l' **110/A5**
Ortigosa de Trafalgar, C.
111/E2-F3

P
P.lo Lladre, C. de **110/C3**
Pablo Neruda, Pl.
117/E6-F6
Padilla, C. de **117/F4-123/F1**
Pàdua, C. de **116/B2-C2**
Països Catalans, Pl. dels
115/D5
Palau, C. **110/D5**
Palau, Pla del **111/E5**
Palau, Ptge. **111/E5**
Palaudàries, C. de
110/A5-A6
Palla, C. de la
110/C4-111/D3
Pallars, C. de
123/F3-125/F3
Paloma, C. de la **110/A2-B2**
Pamplona, C. de **123/F2-F5**
Paradís, C. del **111/D4**
Paral-lel, Av. del
110/B6-121/D2
Pardo, C. de **119/D3**
Paris, C. de **115/E5-116/B5**
Parlament, C. **121/F3**
Patrixol, C. **110/C3-C4**
Pau Alcover, C. de
112/C5-113/D5
Pau Casals, Av. **115/F3-F4**
Pau Claris, C. de
116/C5-111/D2
Pau Gargallo, C. **114/A2-B2**
Pau Vila, Pl. de
122/C5-123/D5
Pau, Ptge. de l' **110/C5**
Pedralbes, Av. de
112/A4-A6
Pedro, Pl. **110/A3**
Pelai, C. de **110/C1-C2**
Penedides, C. de les **110/B4**
Peracamps, C. **110/B5**
Pere IV, C. de
123/F3-125/F2
Perù, C. del **124/B2-125/E2**
Pes de la Palla, Pl. del
110/A2
Pescateria, C. **111/E5**
Petons, C. **111/F3**
Petxina, C. de la **110/C4**
Peu de la Creu, C. del
110/B3
Pi i Margall, C. de
117/E4-F3
Pi, C. del **110/C4-111/D3**
Pi, Pl. del **110/C4**
Pi, Plc. Del (1) **110/C4**
Picalquers, C. **110/B3**
Picasso, Pg. de **111/F4-F5**
Pietat, C. **111/D4**
Piferrer, C. de **119/D2-E1**
Pinar del Rio, C. **118/C3-C4**
Pintor Ribalta, C.
114/A2-A3

Pintor, C. **110/B3-C3**
Pius XII, Pl. **114/C2**
Plata, C. **111/D5**
Poble Nou, Rbla. del
124/B3-B5
Poeta Cabanyes, C.
121/E4-F4
Pom d'Or, C. **111/D5**
Pomaret, C. de **112/C4**
Pons i Clerch, Pl. **111/F4**
Pont del Treball, C.
119/E5-E6
Portadores, C. (20) **111/E5**
Portaferrissa, C.
110/C3-111/D3
Portal de la Pau, Pl. del
110/B6-C6
Portal de l'Angel, Av. del
111/D2-D3
Portal de Santa Madrona, C.
110/B5
Portal Nou, C. **111/F3**
Pou Cadena, C. **111/E4**
Pou de la Figuera, C.
111/E3-E4
Pou Dolç, C. del **111/D4**
Praga, C. de **117/F3**
Prat de la Riba, Pl. **115/E2**
Prim, Rbla. de
119/F5-125/F4
Príncep d'Astúries, Av. de
116/C2-C3
Príncep de Viana, C.
110/A2-A3
Princesa, C. **111/E4-F4**
Provença, C. de
115/E5-118/A6
Provençals, C. de
125/D3-D4
Puerto Príncipe, C.
118/C3-C4
Puig i Xoriguer, C. **110/A6**
Puigcerdà, C. de
119/F5-125/E3
Pujades, C. de
123/F3-125/F3
Pujades, Pg.de
111/F4-123/E3
Pujol, C. **113/E5-E6**

Q
Quintana, C. **110/C4**

R
Rafael Campalans, C. de
114/A4-A5
Ramelleres, C. **110/C2**
Ramon Albó, C.
118/C2-C3
Ramon Amadeu, Plc. de
111/D2
Ramon Calsina, Pl. de
125/D3
Ramon Mas, C. **111/E3**
Ramon Trias Fargas, C. de
123/E4-E6
Ramon Turró, C. de
123/E4-125/E4
Ramón y Cajal, C. **117/D4**
Rauric, C. **110/C4**
Raval, Rambla del **110/B3-B4**
Rec Comtal, C. **111/F3**
Rec, C. del **111/E4-E5**
Rector Triadó, C. del
115/D6-121/D1
Regomir, C. **111/D5**
Regomir, Pl. **111/D5**
Rei, Pl. del **111/D4**
Reial, Pl. **110/C4-C5**
Reina Amàlia, C. de la
110/A3-A4

STRASSENREGISTER CITYATLAS

Reina Elionor de Sicília, C. (6) **111/D5**
Reina Elisenda de Montcada, Pg. **112/B4-C4**
Reina Maria Cristina, Av. de la **121/D2**
Reina María Cristina, Pl. de la **115/D2-D3**
Reina Victòria, C. **115/F2-116/A3**
República Argentina, Av. de la **113/F4-116/C2**
Requesens, C. **110/A2-A3**
Reus, C. **113/E5**
Ribera, C. **111/F5**
Ribes, C. de **123/E2-124/A2**
Riera Alta, C. de **110/A2-B3**
Riera Baixa, C. **110/B3**
Riera Blanca, C. **114/A6-B3**
Riera de Sant Andreu, C. **119/F2-F3**
Riera de Sant Miguel, C. **116/C4-C5**
Riera Palau, C. **111/E5**
Riereta, C. de la **110/A3-A4**
Rio de Janeiro, Av. de **119/E1-E2**
Ripoll, C. **111/D3**
Rius i Taulet, Av. de **121/D2-E2**
Rivadenevra, C. **110/C2**
Robador, C. **110/B4**
Rocafort, C. de **115/E5-121/E2**
Rogent, C. de **118/B5-B6**
Roger de Flor, C. de **117/E4-123/E3**
Roger de Llúria, C. de **116/C5-111/E2**
Roma, Av. de **115/E6-116/A6**
Rosa, C. **110/C5**
Rosic, C. **111/E5**
Rosselló, C. del **115/E5-118/A5**
Rull, C. **110/C5**

S

Sabino de Arana, C. **114/C2-C3**
Sadurni, C. de **110/B4**
Sagrera, C. de la **119/D5-E4**
Sagristans, C. **111/D3**
Saint Gervasi de Cassoles, C. **113/E5-E6**
Salvá, C. **121/E4-F4**
Salvador Aulet, C. **111/D5**
Salvador Seguí, Pl. de **110/B4**
Salvadors, C. dels **110/A3**
Salvat Papasseit, Pg. de **123/D5**
Sancho de Avila, C. **123/F3-124/A3**
Sant Agustí, Pl. **110/B4-C4**
Sant Antoni Abat, C. **110/A3**
Sant Antoni de Pàdua, C. de **110/B4**
Sant Antoni des Sombrerers, C. (15) **111/E5**
Sant Antoni Maria Claret, C. de **117/D4-119/D4**
Sant Antoni, C. **114/C5**
Sant Antoni, Rda. de **110/A3-B1**
Sant Augusti Vell, Pl. **111/F4**
Sant Bartumeu, C. de **110/A4-B4**
Sant Benet, Ptge. **111/F3**

Sant Bernat Calbó, Pl. **124/B4-C4**
Sant Bernat, Ptge. **110/B2**
Sant Bertran, C. de **110/A5**
Sant Bonaventura, C. **111/D3**
Sant Climent, C. **110/A3**
Sant Domènec de Santa Catarina, C. (23) **111/E4**
Sant Erasme, C. **110/A2**
Sant Eusebi, C. de **116/B3-C3**
Sant Felip Neri, Pl. de **111/D4**
Sant Francesc de Paula, C. **111/E3**
Sant Francesc Xavier, C. **119/F1**
Sant Francesc, Pl. **110/C5**
Sant Gervasi, Pg. de **113/E5-F4**
Sant Gil, C. **110/A2**
Sant Gregori Taumaturg, Pl. **115/F3**
Sant Honorat, C. **111/D4**
Sant Ignasi, C. **111/E4**
Sant Jacint, C. (28) **111/E4**
Sant Jaume, Pl. **111/D4**
Sant Joan Bosco, Pg. de **115/E1-E2**
Sant Joan de Malta, C. **124/B1-B3**
Sant Joan, Pg. de **117/D4-111/F2**
Sant Josep Oriol, C. de **110/B4**
Sant Josep Oriol, Pl. **110/C4**
Sant Just, Pl. **111/D4**
Sant Llàtzer, C. **110/A3**
Sant Llúcia, C. **111/D4**
Sant Lluís, C. de **117/D4-E4**
Sant Màrius, C. de **113/D6-E6**
Sant Martí, C. **110/A4-B4**
Sant Martí, Rda. de **119/D6-E5**
Sant Miquel, Pl. **111/D4**
Sant Oleguer, C. de **110/B4-B5**
Sant Pacià, C. **110/A4**
Sant Pau, C. de **110/A4-C4**
Sant Pau, Rda. de **110/A3-A4**
Sant Pere més alt, C. **111/E3-F3**
Sant Pere més baix, C. **111/E3-F3**
Sant Pere Mitjà, C. **111/E3-F3**
Sant Pere, Pl. **111/F3**
Sant Pere, Rda. de **111/D2-F2**
Sant Quintí, C. de **118/B4-B5**
Sant Rafael, C. de **110/A4-B4**
Sant Ramon Nonant, Av. de **114/A3**
Sant Ramon, C. **110/B4-B5**
Sant Salvador, C.de **117/D3-E3**
Sant Sebastià, C. de **119/E4**
Sant Sever, C. **111/D4**
Sant Simplici, C. **111/D5**
Sant Vicenç, C. **110/A3-B2**
Santa Amèlia, Ptge. **112/C2**
Santa Anna, C. **110/C3-111/D3**
Santa Caterina, Pl. de **111/E4**
Santa Clara, Bda. de **111/D4**

Santa Elena, C. **110/A4**
Santa Eulàlia, Bda. de **111/D4**
Santa Eulàlia, C. de **114/A6**
Santa Madrona, C. **110/A5**
Santa Madrona, Pg. de **121/D3-D4**
Santa Margarida, C. de **110/B4**
Santa Maria, Pl. **111/E5**
Santa Mònica, C. **110/B5**
Santaló, C. **116/A2-A4**
Santander, C. **119/E5-F5**
Sants, C. de **114/A4-C5**
Santuari de San Josep de la Muntanya, Av. **117/D2-D3**
Saragossa, C. de **116/B2-B3**
Sardenya, C. **117/E3-123/E4**
Sarrià a Vallvidrera, C. de **112/B1-C2**
Sarrià, Av. de **115/E2-F4**
Seca, C. de la **111/E4-E5**
Secretari Coloma, C. del **117/E3-E4**
Selva de Mar, C. de la **119/D6-125/D4**
Semolores, C. (26) **111/E4**
Sepulveta, C. de **110/B1-121/E2**
Sèquia, C. **111/F3**
Serra Xic, C. **111/F3**
Seu, Pl. de la **111/D4**
Sicília, C. de **117/E4-123/E2**
Sils, C. **110/C5**
Simó Oller, C. **111/D5**
Sitges, C. les **110/C2**
Sombrerers, C. **111/E5**
Sots-tinent Navarro, C. **111/D4-D5**
Sugranyes, C. de **114/B5**

T

Tallers, C. dels **110/B2-C2**
Tamarit, C. de **110/A2-121/E2**
Tànger, C. de **124/A2-B2**
Tantarantana, C. **111/F4**
Tàpies, C. de les **110/A5-B5**
Tapineria, C. **111/D4**
Tarongeta, C. (14) **111/E5**
Tarragona, C. de **115/D6-121/D1**
Tarrós, C. del **111/E4**
Taulat, C. del **124/B4-125/D4**
Taulat, Pg. del **125/D4-F4**
Tavern, C. de **116/A3-B2**
Tècnica, Av. de **121/D2-D3**
Telègraf, C. del **118/A3-B4**
Templaris, C. **111/D5**
Tenor Massini, C. del **114/C4-C5**
Teodora Lamadrid, C. **113/E5**
Tetuan, Pl. **117/E3-123/E2**
Tibidabo, Av. del **113/F3-F4**
Tigre, C. del **110/B2**
Til-lers, Pg. dels **114/C1**
Tiradora, C. **111/F4**
Tomàs Mieres, C. **111/D3**
Torras i Pujalt, C. **113/D5-D6**
Torrassa, Rda. de la **114/A5**
Torre dels Pardals, C. **118/C2-C3**

Torrent de l'Olla, C. de **116/C5-117/D2**
Torrent de les Flors, C. **117/D3-D4**
Torres i Amat, C. **110/B1-B2**
Tragí, C. **111/E4**
Trajana, Via **119/F5**
Treball, C. del **119/E6-125/E5**
Tres Llits, C. dels **110/C4**
Tres Tores, C. de les **115/E2-F2**
Triangle, C. **111/E4**
Trinitat, C. **110/C4**
Tuset, C. **116/B4**

U

Unió, C. la **110/B4-C4**
Universitat, Pl. de la **110/B1**
Universitat, Rda. **110/C1**
Urquinaona, Pl. **111/D2-E2**

V

València, C. de **115/D6-118/C6**
Valldaura, Pg. de **119/E1-F1**
Valldoncella, C. **110/B2-C2**
Vallirana, C. de **116/C2-C3**
Vallmajor, C. de **115/F2-116/A2**
Vallvidrera al Tibidabo, C. de **113/D1-F1**
Vallvidrera, Av. de **C2-C3**
Varsòvia, C. de **118/A3-A3**
Veguer, C. (9) **111/D4**
Vèlia, C. de **119/D3-E2**
Veneçuela, C. **125/D3-E3**
Verdaguer i Callis, C. **111/E3**
Verdi, C. de **117/D1-D4**
Verge, C. **110/B2**
Vergós, C. dels **115/E1-F1**
Vermell, C. **111/E4-F4**
Verònica, Pl. **111/D5**
Vicenç Martorell, Pl. **110/C2**
Víctor Balaguer, Pl. **111/E5**
Victòria, C. **111/E3**
Vidre, C. del **110/C4-C5**
Vidrieria, C. (19) **111/E5**
Vigatans, C. **111/E4**
Vila de Madrid, Pl. **110/C3**
Vila i Vilà, C. de **110/A6-121/F4**
Viladecols, Bda. **111/D5**
Viladomat, C. de **115/F4-121/F3**
Vilamari, C. **115/E6-121/E1**
Vilanova, Av. **123/D3-E3**
Villarroel, C. de **110/A2-116/A4**
Villena, C. **123/E4-E5**
Virrei Amat, Pl. **119/D1-D2**
Vistalegre, C. **110/A3**
Volta del Remei, C. **110/C4**
Volta dels Juesus, C. **111/F3**

W

Wellington, C. de **123/E3-E5**

X

Xifré, C. de **118/A5-A6**
Xile, Av. de **114/A2**

Z

Zamora, C. de **123/F3-F5**

131

anzeige

mehr sehen schon vor dem urlaub: hier zeigen wir ihnen alle vorteile von holiday autos.

als weltgrößter vermittler von ferienmietwagen bieten wir ihnen mietwagen in über 80 urlaubsländern zu äußerst attraktiven alles inklusive preisen.
und wenn wir von „alles inklusive" reden, dann meinen wir das auch so. denn im preis von holiday autos ist wirklich alles inbegriffen:

- vollkaskoversicherung ohne selbstbeteiligung im schadensfall
- kfz-diebstahlversicherung ohne selbstbeteiligung
- erhöhte haftpflichtdeckungssumme
- unbegrenzte kilometer
- alle lokalen steuern
- flughafenbereitstellung
- flughafengebühren

buchen sie gleich in ihrem reisebüro,
unter www.holidayautos.de oder
telefonisch unter 0180 5 17 91 91 (12 ct/min)

kein urlaub ohne

holiday autos

MARCO POLO

www.marcopolo.de

Für Ihre nächste Reise gibt es folgende Titel:

Deutschland Allgäu · Amrum/Föhr · Bayerischer Wald · Berlin · Bodensee · Chiemgau/Berchtesgadener Land · Dresden/Sächsische Schweiz · Düsseldorf · Eifel · Erzgebirge/Vogtland · Franken Frankfurt · Hamburg · Harz · Heidelberg · Köln · Lausitz/Spreewald/Zittauer Gebirge · Leipzig · Lüneburger Heide/Wendland · Mark Brandenburg · Mecklenburgische Seenplatte · Mosel · München · Nordseeküste Schleswig-Holstein · Oberbayern · Ostfriesische Inseln · Ostfriesland Nordseeküste Niedersachsen · Ostseeküste Mecklenburg-Vorpommern · Ostseeküste Schleswig-Holstein · Pfalz · Potsdam Rheingau/Wiesbaden · Rügen/Hiddensee/Stralsund · Ruhrgebiet · Schwäbische Alb · Schwarzwald Stuttgart · Sylt · Thüringen · Usedom · Weimar **Österreich/Schweiz** Berner Oberland/Bern Kärnten · Österreich · Salzburger Land · Schweiz · Tessin · Tirol · Wien · Zürich **Frankreich** Bretagne Burgund · Côte d'Azur · Disneyland Paris · Elsass · Frankreich · Französische Atlantikküste · Korsika Languedoc-Roussillon · Loire-Tal · Normandie · Paris · Provence **Italien/Malta** Apulien · Capri Dolomiten · Elba/Toskanischer Archipel · Emilia-Romagna · Florenz · Gardasee · Golf von Neapel · Ischia Italien · Italienische Adria · Italien Nord · Italien Süd · Kalabrien · Ligurien · Mailand/Lombardei · Malta Oberitalienische Seen · Piemont/Turin · Rom · Sardinien · Sizilien/Liparische Inseln · Südtirol · Toskana Umbrien · Venedig · Venetien/Friaul **Spanien/Portugal** Algarve · Andalusien · Barcelona Costa Blanca · Costa Brava · Costa del Sol/Granada · Fuerteventura · Gran Canaria · Ibiza/Formentera Jakobsweg/Spanien · La Gomera/El Hierro · Lanzarote · La Palma · Lissabon · Madeira · Madrid · Mallorca Menorca · Portugal · Spanien · Teneriffa **Nordeuropa** Bornholm · Dänemark · Finnland · Island Kopenhagen · Norwegen · Schweden · Südschweden/Stockholm **Westeuropa/Benelux** Amsterdam · Brüssel · England · Flandern · Irland · Kanalinseln · London · Luxemburg · Niederlande Niederländische Küste · Schottland · Südengland **Osteuropa** Baltikum · Budapest · Estland Kaliningrader Gebiet · Lettland · Litauen/Kurische Nehrung · Masurische Seen · Moskau · Plattensee Polen · Polnische Ostseeküste/Danzig · Prag · Riesengebirge · Rumänien · Russland · Slowakei St. Petersburg · Tschechien · Ungarn **Südosteuropa** Bulgarien · Bulgarische Schwarzmeerküste · Kroatische Küste/Dalmatien · Kroatische Küste/Istrien/Kvarner · Montenegro · Slowenien **Griechenland/Türkei** Athen · Chalkidiki · Griechenland Festland · Griechische Inseln/Ägäis Istanbul · Korfu · Kos · Kreta · Peloponnes · Rhodos · Samos · Santorin · Türkei · Türkische Südküste Türkische Westküste · Zakinthos · Zypern **Nordamerika** Alaska · Chicago und die Großen Seen Florida · Hawaii · Kalifornien · Kanada · Kanada Ost · Kanada West · Las Vegas · Los Angeles · New York San Francisco · USA · USA Neuengland/Long Island · USA Ost · USA Südstaaten · USA Südwest · USA West · Washington D.C. **Mittel- und Südamerika** Argentinien · Brasilien · Chile · Costa Rica · Dominikanische Republik · Jamaika · Karibik/Große Antillen · Karibik/Kleine Antillen · Kuba Mexiko · Peru/Bolivien · Venezuela · Yucatán **Afrika/Vorderer Orient** Ägypten · Djerba/ Südtunesien · Dubai/Vereinigte Arabische Emirate · Israel · Jemen · Jerusalem · Jordanien · Kapstadt/ Wine Lands/Garden-Route · Kenia · Marokko · Namibia · Qatar/Bahrain/Kuwait · Rotes Meer/Sinai Südafrika · Syrien · Tunesien **Asien** Bali/Lombok · Bangkok · China · Hongkong/Macau · Indien Japan · Ko Samui/Ko Phangan · Malaysia · Nepal · Peking · Philippinen · Phuket · Rajasthan · Shanghai · Singapur · Sri Lanka · Thailand · Tokio · Vietnam **Indischer Ozean/Pazifik** Australien · Malediven · Mauritius · Neuseeland · Seychellen · Südsee

Cityguides Berlin für Berliner · Frankfurt für Frankfurter · Hamburg für Hamburger · München für Münchner · Stuttgart für Stuttgarter **Sprachführer** Arabisch · Englisch · Französisch · Griechisch · Italienisch · Kroatisch · Niederländisch · Norwegisch · Polnisch · Portugiesisch · Russisch Schwedisch · Spanisch · Tschechisch · Türkisch · Ungarisch

In diesem Register finden Sie alle Sehenswürdigkeiten, Museen, Ausflugsziele und etliche zusätzliche Stichworte. Halbfette Seitenzahlen verweisen auf den Haupteintrag, kursive auf ein Foto.

Ajuntament 33, 88
Alter Hafen **25,** 98f., 101
Amphitheater Grec 28, 29
Antic Hospital de la Santa
　Creu 20
Aquarium **19f.,** 25
Archäologisches Museum 29
Auditori de Barcelona 17, **82**
Auditorium 17, **82**
Barceloneta **33f.,** 96
Barri Gòtic 7, 19, **34,** 35,
　87ff., 101, 102
Barri Xino 10f., 28, 35
Bezirk 22@ 9
Bischofspalast 88
Boqueria, La 59, **64**
Cadaqués 92
Caixa Forum 39
Camp Nou 42
Cap de Creus (Naturpark) 92
Carrer de Montcada 36f.
Casa Amatller 20f.
Casa Batlló 18, 20, **21**
Casa de l'Ardiaca 88
Casa de les Punxes 22
Casa dels Canonges 88
Casa Lleó Morera 20, **21**
Casa Milà 13, **22,** 37
Casa Museu Castell Dalí
　(Púbol) 91
Casa-Museu Dalí (Port Lligat)
　92
Casaramona 39
Casa Terrades 22
Casa Vicens 22f.
Castells dels Tres Dragons 30
Catedral 17, **25f.,** 87f.
Caves Codorníu 94, 95
Cementiri del Sud-Oest 29
Centre de Cultura
　Contemporània **39f.,** 60
CosmoCaixa 40
Dalí, Salvador 12, 15, 31, 70,
　91f.
Deutscher Weltaus-
　stellungspavillon 29
Diagonal Mar 9
Drassanes 45
Eixample **34,** 77
Espai Gaudí 22, 45
Estació de França 86
Ethnologisches Museum 29
F. C. Barcelona 32, 37, 39, **42**
Fernsehturm 20
Figueres 91f.

Flamenco 15, 81, **77,** 136
Font Màgica 29
Fundació Francisco Godia 40
Fundació Joan Miró 29, **40f.,**
　60
Fundació Tàpies 40, 41
Fußballmuseum 42
Gaudí, Antoni **13f.,** 18, 20,
　21, 22f., 26, 27, 30, 31, 32,
　33, 37
Gaudí-Museum 14, 31f., **45**
Gotisches Viertel 7, 19, **34,**
　35, **87ff.,** 101, 102
Gràcia **34f.,** 77
Gran Teatre del Liceu 37, **82**
Hospital de Sant Pau 23
Hivernacle 30
Jugendstil 7, 8, 10, **14f.,** 19,
　20ff., 23, 27, 34, 37, 60, 102
Katalanisch **9,** 10
Kathedrale 17, **25f.,** 87f.
Keramikmuseum 43
Kolumbus-Denkmal 20
Krypta de la Colonia Güell 26
Leichenwagenmuseum 39, **43**
Mançana de la Discòrdia 14,
　20f.
Maremàgnum 25, 77
Mercat de la Concepció 64
Mercat del Born 63, 77, 86f.
Mercat de les Flors 83
Mercat de Sant Antoni 64
Mercat de Sant Josep 64
Mina, La 9
Mirador del Rei Martí 88
Miró, Joan 12, 15, 40f.
Modernisme 7, 10, **14f.,** 19,
　20ff., 23, 27, 34, 37, 102
Moll de la Barceloneta 25
Moll de la Fusta 25
Moll d'Espanya 25
Montjuïc 8, **28f.,** 100
Montserrat 92f.
Monument a Cristófol Colom
　20
Museu Arqueològic 29
Museu d'Art Contemporani
　38, 41f.
Museu d'Art de Catalunya 29,
　42
Museu de Carrosses Fúnebres
　39, **43**
Museu de Cera 43
Museu de Ceràmica 43
Meseu de la Xocolata 43

Museu del Calçat 32, **44,** 88
Museu del Futbol Club
　Barcelona 42
Museu del Perfum 44
Museu dels Autòmates 44
Museu d'Història de Catalunya
　44
Museu d'Història de la
　Ciutat **44,** 88
Museu Frederic Marès **44,** 88
Museu Gaudí 14, 31f., **45**
Museu Marítim 45
Museum für Katalanische
　Geschichte 44
Museum für Katalanische
　Kunst 29, **42**
Museum für Zeitgenössische
　Kunst 38, 41f.
Museum für Zoologie 30
Museu-Monestir Pedralbes 45
Museu Picasso **45,** 60
Museu Tèxtil i d'Indumentària
　45, 49
Nova Mar Bella 96
Olympiahafen 24f.
Olympisches Dorf 8, 36
Opernhaus 37, **82**
Palau de la Generalitat 32, 88
Palau de la Música Catalana
　17, **23,** 77, **82**
Palau del Lloctinent 88
Palau de Mar 25
Palau Güell 13, **23f.**
Palau Reial Major 88
Palau Sant Jordi 29
Parc de la Ciutadella 8, **29f.,**
　101
Parc de l'Espanya Industrial 30
Parc del Laberint 30f.
Parc Güell 13, 15, **31f.**
Parfummuseum 44
Parlament 30
Passeig de Gràcia 14, 20, **37,**
　58, 59, 101
Pedrera, La 13, **22,** 37
Penedès 94f.
Picasso, Pablo 12, 51, 92, 95,
　102
Picasso-Museum **45,** 60
Plaça de Catalunya 11, **32,**
　59, 97
Plaça de Espanya 97
Plaça del Pi **33,** 89
Plaça del Rei 88
Plaça del Sol 35

REGISTER

Plaça de Sant Felip Neri **32,** 88
Plaça de Sant Jaume 88
Plaça de Sant Josep Oriol **33,** 89
Plaça Reial 33, 77
Poble Espanyol **24,** 28
Poble Nou 8
Poblet 92f.
Port Lligat 91f.
Port Olímpic 24f.
Port Vell **25,** 98f., 101
Púbol 91
Rambla *6, 19,* **37,** 136
Rambla del Raval 11, 35
Rathaus 33, 88
Raval 10, **35,** 42, 63, 77
Ribera 33, 35, **36,** 59, 77, *84,* **85ff.**
Sagrada Família 14, 15, **26,** 32, 101

Santa Àgata 88
Santa Anna 27
Santa Maria del Mar **27f.,** 86
Santa María de Poblet 93
Santes Creus 92f.
Sant Felip Neri 32
Sant Jordi 33
Sant Pau del Camp 28
Sant Sadurní d'Anoia 94
Schifffahrtsmuseum 45
Schokoladenmuseum 43
Schuhmuseum 32, **44,** 88
Sitges 16, **95**
Spanisches Dorf **24,** 28
Spielautomatenmuseum 44
Stadtgeschichtliches Museum **44,** 88
Stiftung Francisco Godia 40

Stiftung Joan Miró 29, **40f.,** 60
Stiftung Tàpies *40,* 41
Strand 8, **36,** 96, 101
Teatre Grec 28, 29
Teatre-Museu Dalí (Figueres) *90,* 91f.
Teatre Nacional de Catalunya 83
Textilmuseum **45,** 49
Tibidabo **20,** 100
Torre Agbar 9
Torre de Collserola 20
Umbracle 30
Vilafranca del Penedès 94
Wachsfigurenmuseum 43
Wissenschaftsmuseum 40
Zentrum für Zeitgenössische Kultur **39f.,** 60
Zoologischer Garten 30

Schreiben Sie uns!

Liebe Leserin, lieber Leser,

wir setzen alles daran, Ihnen möglichst aktuelle Informationen mit auf die Reise zu geben. Dennoch schleichen sich manchmal Fehler ein – trotz gründlicher Recherche unserer Autoren/innen. Sie haben sicherlich Verständnis, dass der Verlag dafür keine Haftung übernehmen kann. Wir freuen uns aber, wenn Sie uns schreiben.

Senden Sie Ihre Post an die MARCO POLO Redaktion, MAIRDUMONT, Postfach 31 51, 73751 Ostfildern, info@marcopolo.de

Impressum

Titelbild: Sagrada Familia (Bavaria Bildagentur)
Fotos: O. Baumli (38, 83); Bavaria Bildagentur (107); A. Duenas/Turisme de Barcelona (81); R. Freyer (U. l., U. M., 2 o., 5 u., 8, 23, 32, 36, 43, 59, 84, 87, 89); R. M. Gill (5 o., 90, 93); HB Verlag: Selbach (7, 14, 16, 57); J. Juxart (53); laif: Gonzales (11, 22, 24, 46, 76), Selbach: (66, 72); D. Renckhoff (2 u., 6, 12, 18, 19, 26, 30, 40, 48, 58, 62, 63, 71, 95); Th. P. Widmann (4); E. Wrba (U. r., 1, 17, 28, 54, 96)
5. (11.) Auflage 2006 © MAIRDUMONT, Ostfildern
Herausgeber: Ferdinand Ranft, Chefredakteurin: Marion Zorn
Redaktion: Karin Liebe, Bildredaktion: Gabriele Forst
Kartografie Cityatlas: © Falk Verlag, Ostfildern
Vermarktung: MAIRDUMONT MEDIA, media@mairdumont.com
Gestaltung: red.sign, Stuttgart
Sprachführer: in Zusammenarbeit mit Ernst Klett Sprachen GmbH, Stuttgart, Redaktion PONS Wörterbücher
Das Werk einschließlich aller seiner Teile ist urheberrechtlich geschützt. Jede urheberrechtsrelevante Verwertung ist ohne Zustimmung des Verlages unzulässig und strafbar. Das gilt insbesondere für Vervielfältigungen, Übersetzungen, Nachahmungen, Mikroverfilmungen und die Einspeicherung und Verarbeitung in elektronischen Systemen.
Printed in Germany. Gedruckt auf 100% chlorfrei gebleichtem Papier

Bloß nicht!

Ein paar Tipps, die Ihnen womöglich unliebsame Erfahrungen ersparen

Auto fahren in Barcelona
Lassen Sie das Auto am besten zu Hause (oder zumindest in der Garage). Zwar wurde das Straßensystem ausgebaut, aber zur Rushhour geht meist trotzdem nichts mehr. Die Parkplätze in der Innenstadt sind knapp, Parkhäuser teuer, falsch parken erst recht. Lassen Sie nie Wertsachen im Wagen!

Glücksspielen, Schleppern oder Souvenirverkäufern auf den Leim gehen
Wenn man Sie zu einem Glücksspiel einlädt: Finger weg, Sie können nur verlieren! Vor allem im Bereich der Rambla arbeiten organisierte Gangs. Lassen Sie sich nicht in besonders »billige« Läden lotsen – Qualität hat überall ihren Preis. Angeblich typische Mitbringsel entpuppen sich oft als »made in Taiwan« und die authentische Flamencoshow als teure Touristenveranstaltung.

Rauchen
Das Rauchen in Büros, Banken, Einkaufszentren und öffentlichen Einrichtungen ist verboten. In Lokalen sind Raucherzonen gekennzeichnet.

Taschendieben oder Räubern Gelegenheit geben
Wegen der gravierenden Zunahme von Überfällen und Taschendiebstählen können Sie inzwischen leider nur noch mit höchster Vorsicht durch die Stadt gehen. Bewahren Sie Geld und Kreditkarten nicht in der Handtasche auf, sondern (unsichtbar) am Körper (Ausweispapiere am besten als Fotokopie!). Besonders in der Altstadt müssen Sie selbst am Tag ständig mit Kleinkriminellen rechnen. Meist arbeiten sie zu zweit: Einer lenkt Sie ab, der andere reißt Ihnen die Tasche von Schulter oder Hals. Gehen Sie nachts nie durch dunkle und enge Altstadtgassen! Meiden Sie nachts auch die Metro. Am Reiseführer erkennt man Sie sofort als Tourist: Lassen Sie das Buch am besten in der Tasche verschwinden. Nehmen Sie lieber eine spanische Tageszeitung in die Hand. Und falls Ihnen jemand zu verstehen gibt, dass an Ihrem Wagen etwas nicht stimmt: auf keinen Fall anhalten! Achtung an roten Ampeln, vor allem im Zentrum! Einer lenkt sie ab, während ein Zweiter blitzschnell den Rücksitz abräumt oder die Tasche vom Vordersitz greift. Nichts sichtbar deponieren! Rücksitzfenster schließen, Türen verriegeln. Auf keinen Fall aussteigen! Diese Art von Überfällen hat in jüngster Zeit alarmierend zugenommen. Sollte Ihnen Ihr Wagenschlüssel abhanden kommen, wechseln Sie besser das Türschloss aus – die Banden agieren international.